文化生意

——印刷与出版史札记

王志毅 著

浙江大学出版社
ZHEJIANG UNIVERSITY PRESS

目　录

序

　　我之本性，面上温和，实则是一个不肯服输的人，做事争强好胜，内心中不大会臣服别人。但随着年龄增长，却发现自己对人对事的态度，有了一些变化，尤其是对后辈才俊，竟然在不自觉中，没有了竞争意识，反而产生某种无私的欲望，总想要扶持他们，或招致麾下，或预言哪位优长，未来必有大成云云，都是一件极其快慰的事情。这样的心境，在血气方刚之年，是体会不到的。盘点心中喜爱的人，或兄弟，或子辈，或孙辈，想到精神的延续，想到生命的希望，善的情绪就会升腾起来，内心中充满对他们的爱意。

　　王志毅是我极看重的一位青年人，现在也有三十几岁了吧。我认识他却在 2006 年，那时我还在辽宁工作，工作之余为《辽宁日报》写专栏文章，写法是报社主编命题，他们拿来一本或几本书，让我写整版的评论文章。其中有一期，是评美国人泰勒·考恩的著作《创造性破坏——全球化与文化多样性》，我写的文章题为《文化多样性：左手赞成，右手反对》。我在文中提到译者，认为他的译者序言写得有水平，认为这样的译笔一定不是出自匠人之手，应该是一位很不错的学者。大约在我的文章发表一年后，译者王志毅见到此文，他给我写信，我才知道，他是一位二十几岁的青年，而且在出版界做事，主持浙江大学出版社北京分社——启真馆。当时我确实感到惊讶，因为我知道，出版圈中有学问的人不少，勤奋的人却不多。大概是行业特征使然，最容易养成从业者眼高手低、勤于动口、懒于动手的习惯。其中较好的人，能够满足"做出版人中最好的作家，作家中最好的出版人"，就已经很不错了。所以见到王志毅这样的青年才俊出现，我怎能不喜出望外呢！

不久志毅送我启真馆小礼物，仿木质烫花工艺的一套案上用品：笔筒、名片盒、裁纸刀等，更使我赞叹江南人物，做商人也有出离尘世的雅趣，心中又增添几分喜爱。

2009 年我到北京工作，志毅见到我的著作《一面追风，一面追问——大陆近二十年书业与人物的轨迹》繁体版，立即提出要出简体版，那就是《这一代的书香——三十年书业的人和事》了。他还借此创立"守书人丛书"，如今已经出版多种，其中有名的著作如《我在 DK 的出版岁月》《编辑这种病》等，都是我喜爱的书。

去年志毅的文集《为己之读》出版，篇幅不大，当时我就想写一点评论，因为心中对这本小书有三点喜爱：一是思想性，二是文章气质，三是字面干净。当然文如其人，这些年与志毅时常接触，他面上话不多，交流时不冲撞别人，举止上还有些

序

腼腆羞涩的感觉。其实王志毅在两项事情上，最能表现出众之处，一是"言必信，行必果"，说到的事一定会做到，这却是时下商界稀缺的品格，他却有了。再一是每逢讨论学术问题，他的学者气质就会表现出来，不逢迎，不含糊其词，不看他人脸色，那种直言表述的风度，就更加难得了。比如去年，我曾经写文章《出版，西方启蒙运动的发动机》，品评美国人理查德·谢尔《启蒙与出版——苏格兰作家和 18 世纪英国、爱尔兰、美国的出版商》一书，其中谈到 18 世纪英国出版，我援引书中观点，阐释英国出版业对欧洲文化启蒙运动的贡献与作用，所用词语赞誉过重。志毅在网上读到此文，立即留言反驳，认为这样的评价失之偏颇。后来我在读书时发现，志毅曾送给我几本"启蒙运动经典译丛"，浙江大学出版社出版，都与上述问题有关。由此可见，志毅是一个认真研究问题的人，说话冷静思考，言出有据，如此坚持下去，积年有成，一定是自然的事情。

前些天志毅来信说，他的新著《文化生意——印刷与出版史札记》基本写好，希望我能为之写一篇序言。这真是一个好题目，因为我一直认为，目前中国有出版史，却没有书籍史。上面提到的谢尔《启蒙与出版》一书，就给出了一些让人惊讶的回答。他说长期以来，人们对于苏格兰启蒙运动的产生感到迷惑，究其原因，正是忽略了一个重要学科"书籍史"的研究。因为在作者"文本"变成"书籍"的过程中，包含着许多重要因素，甚至是决定性的因素。但以往欧洲学者信奉笛卡尔的观点——"阅读时要忽略书籍的外观、感觉和嗅觉"，认为文本与书

文化生意

籍是分裂的。即使福柯在他的《作者是什么？》中，也至多承认"作者功能"是通过评论家和读者实现的，没有谈到书籍本身的作用。其实对于苏格兰启蒙运动而言，书籍出版起着决定性的作用，而在我们的文学史、文字史、学术史和思想史中，却丝毫看不到书籍史的存在，说白了，也就是书商的存在！比如出版过程、书籍的产生、作者与书商的往来信件，里面谈版税、谈开本、谈定价、谈装帧、谈广告、谈市场……这些被传统学者们不屑一顾的内容，最多被当做历史学的花边或八卦，谢尔却从中发现了"苏格兰文人共和国"名扬天下的玄机。

阅读志毅的书稿，我看到他已经认识到这些问题的存在，并且试图给出一些新的阐释与研究。书稿之中，他谈论西方印刷术的历史，资料丰富；而有两个章节，专论中国宋明两代印刷术的发展，落笔之时，自然有了中西互应的尝试。另外此稿的名字也引人思考，说是"札记"，其实用的却是学术专著的笔法。尤其是"文化生意"一词的设立，恰恰点明了他学者与书商双重身份的优势。有了在两个领域游走的经历，他才会做到知行合一、心态平和，既不为文化而轻视生意，也不为生意而亵渎文化，由此深入下去，创作中国书籍史的功力就会显现出来。

也可能是游动的人生体验，经常会给志毅带来思想波动的苦恼。他有时也会找我聊天，谈论书商生活的优劣，以及投入学界的思考。其实有才华的人总会不安分，跨界的能力常常是他才华大小的重要标志。此时志毅的才华已经早早显现，书编得好，就影响了学问；学问做得好，又影响了心境。但人生之旅，面上千奇百怪，

序

实则大同小异。智者多思多虑，双成者是有的，如钟叔河先生；多
成者也是有的，如叶圣陶先生；一事无成者，却也满目皆是。我始
终认为，人生的追求，首先是快乐，是平静地生活；其次在天赋，
在路径，更在勤奋。我一直看重志毅，就在这里。

俞晓群

引　论

数字出版的兴起

　　毋庸置疑，在高速移动通信技术和互联网的冲击之下，传统出版及其所代表的知识生产与传播模式的确面临着极为严峻的挑战。当代的数字技术已经革命性地改变了知识的传播与存储方式。一方面，随着 3G 以及 4G 无线通信系统的普及，任何一个人都可以做到随时随地接收及发送包括文字、图像、音频、视频在内的各种媒体信息，从而彻底解决了所谓的"最后一英里"问题。当然在现实操作中，这一点事实上还未能完全做到。这主要是受限于基于传统国家界限的知识产权束缚。

　　另一方面，云计算的发展趋势又使得用户在某种程度上不再单独依赖于所持有的终端，利用"云"，也就是"一组可以通过因特网公开访问的计算机和服务器"[1]，即时的软件更新、无

---

[1] 迈克尔·米勒，2009，云计算，第 10 页，机械工业出版社。

限的存储容量，以及群组协作等功能都可以得到实现。

按照已故的苹果公司总裁乔布斯的思路，云计算可以令苹果公司的用户通过简单的自主设定，在苹果公司的各类产品（包括 iPhone，iPad，iPod，iMac）间自由共享各种软件、音乐、文档、视频，而且这种共享是即时、自动的。也就是说，苹果 i 系列产品的用户间可以自发地组成一个即时无线共享网络，这当然是数据存储与互享的又一次跃进。相应的，它也会引发人们对苹果公司垄断未来数字时代商业的担忧。

在知识的存储与共享方面，比云计算更具根本性的设想是构建全球数字图书馆。自 20 世纪 90 年代初以来，人们开始重视建设面向数字时代的未来图书馆。在此基础上，克里斯廷·博格曼很早便提出了全球数字图书馆的概念，也就是通过在各个图书馆间共享编目数据，从而将所有数字图书馆连接在一起。[1]

不过正如博格曼自己所指出的，当前的版权和知识产权法更倾向于保护出版商的利益，使得这一设想的实现一直面临巨大的困难。而专业出版商在构建数据库方面已经拥有了非常成熟的技术和商业手法。大型的专业出版机构将旗下的电子书与电子期刊整合起来，以打包的形式销售给学术机构与大学图书馆，从而获得了更为丰厚的利润。

对当前的专业出版商来说，出版（包括数字出版）收入通常只占它的营业收入的一小部分。以全球领先的专业出版公司

---

[1] 克里斯廷·博格曼，2003，从古腾堡到全球信息基础设施，中信出版社。

Reed Elsevier 为例，它的核心定位是信息内容和解决方案的提供商。除了出版以外，它还有其他三家子公司，分别提供法律资料信息、展览和会议活动主办、商业信息等服务。这些服务全都依赖于企业所建设和共享的各类专业数据库，因此这类公司是当之无愧的数据信息和内容提供者。

另一个重要的创新便是饱受争议的"谷歌图书搜索计划"。自 2004 年以来，谷歌便开始与各大图书馆合作，将图书扫描上传至其服务器，为谷歌的使用者提供免费的搜索服务。这一史无前例的计划当然遭到了出版商和作者的强烈抗议与诉讼。经过历时两年的谈判，谷歌以赔偿 1.25 亿美元以及分享相关销售收入为代价，与美国作家协会和美国出版商协会就已有的图书上传达成了和解。此后，它仍不时与其他国家的图书出版商产生法律纠纷。但它与数万家出版商合作，已经实现了上千万册图书的扫描，形成了事实上的垄断性质，这当然也引发了许多学者的担忧。曾任哈佛大学图书馆馆长的罗伯特·达恩顿就认为谷歌已经控制了大多数美国人的网络信息获取方式，而上述和解方案恰恰增强了谷歌的垄断地位。在他看来，只有政府出面制定公共政策，制止"谷歌和图书馆私自结盟"，才有可能阻止这场垄断的噩梦。[1]

不过，知识的传播与存储是一回事，知识的生产则是另一回事。如果当代数字出版所影响的仅仅是知识（信息）的传播、

---

[1]　罗伯特·达恩顿，2011，阅读的未来，第 65 页，中信出版社。

存储、检索、浏览，那它的革命性便会大打折扣。从手抄本到纸质印刷出版的技术变革，所代表的不仅是知识传播方式的进步，更呈现了一种全新的知识生产方式。在过去五百多年中，纸质出版代表了一种主导性的知识生产与呈现模式。谷登堡的印刷术在西方普及了文化与教育，奠定了现代学术共同体的传播基础，推动了 18 世纪以来的民主化进程，可以说是现代文明的主要基石之一。

值得指出的是，从历史上看，纸质出版在变革社会方面所产生的重大影响是通过一系列制度革新与安排而得以逐步实现的，这其中包括教会垄断知识时代的终结、基础教育的普及、大学及科研组织的兴起、社会的专业分工等，没有这些变革的协同出现，印刷术自身的能量是有限的。那么，我们可以推想，数字出版能否产生如纸质印刷术一般的革命性影响，便取决于社会是否会出现与数字出版相配合的重大制度变革，如大学制度与学术体系的变革、知识产权理念的转变，乃至以民族—国家为基础的国际政治经济体系的调整等。如无相应的制度革命，数字出版的最大意义便不过是给人们多了一种阅读的选择而已。

政府对文化产业的影响

政府主要在两个方面影响整个文化产业的进退，一方面是通过各种渠道补贴文化产业，从而改变文化生产的供给与需求；另一方面则是借助法律制度塑形文化产业内部的结构与组织。

引　论

　　从经济学的角度看，之所以要补贴文化产品，是因为它具有相当的外部性。布鲁诺·弗雷将文化产品的外部价值分为五类，分别是：（1）选项价值，也就是人们可以从较多样的文化供给中获益；（2）存在价值，某些文化产品或活动的存在本身便能让人获益；（3）遗产价值，某些文化产品会造福于下一代或下几代；（4）声望价值，艺术产品的存在可以提高整个社会的声望；（5）创新价值，艺术产品有助于发展整个社会的创造性思考。[1]

　　要扩展文化产品的多样性，就需要在市场之外建立补充性（而非替代性）的文化生产机制。政府在其中扮演了非常关键的角色。政府资助文化艺术的方式可以粗分为直接和间接两类。欧洲国家通常用财政支出的方式直接补贴文化艺术机构，而美国则选择以影响相对价格或相对收益的方式间接刺激艺术的生产。

　　所谓的间接方式，主要就是通过税收抵扣的方式鼓励个人和企业捐赠艺术生产部门。在 2003 年，美国人便向艺术和文化领域捐赠了 294 亿美元，相当于每个美国人 100 美元。[2] 美国企业在资助艺术方面也非常慷慨，主要资助方向包括交响乐队、表演艺术中心、博物馆和剧院等。

　　另一个重要的艺术资助方式便是私人基金会。美国政府对私人基金会也提供税收方面的优惠。最主要的基金会包括

---

[1]　Bruno Frey, 2000, *Arts and Economics*, Springer, pp.101—102.

[2]　Tyler Cowen, 2006, *Good and Plenty*, Princeton University Press, p.33.

J. Paul Getty Trust，Lila Wallace-Readers Digest Foundation，Mellon Foundation 等。其中最大的 Getty Trust 平均每年在艺术博物馆和艺术研究中心上要花费 2.5 亿美元。[1]

泰勒·考恩认为美国的艺术资助体系是非常成功的，这个体系包括资本家的财富、竞争性的市场、多元的经济支持渠道，以及间接的资助方式。尽管美国没有严格意义上的艺术政策，但却鼓励人们不断地发挥创意。弗雷也认为，在很多情况中，应该更多地用税收的形式提供间接补贴。[2] 不过两种资助形式的后果完全不同，存在一定的不可比性。欧洲的补贴形式更侧重于精英化的商业文化，它所催生的作品可能与市场的选择完全不同。而美式资助体系在本质上是扩展市场选择的边界，它并不试图去代替市场选择。

即使是当代的商业文化，仍然深受供需之外的各种制度设计的影响。前面已经提到知识产权法对数字出版和数字图书馆的影响。更为重要的当属政府的管制与资源分配。美国的联邦通讯委员会（FCC）在广播领域有权发放许可证。理由是不同的信号之间可能会互相干扰。而分配的根据则是"营运商在为公共利益服务上表现的相对优劣"。[3] 在电影业，最著名的例子要属"派拉蒙法案"。在 1948 年以前，美国电影产业呈现出典型的寡头垄断局面，最大的五家公司都是垂直一体化的运作

---

[1] Tyler Cowen, 2006, *Good and Plenty*, Princeton University, p.35。

[2] Bruno Frey, 2000, *Arts and Economics*, Springer, p.114.

[3] 小贾尔斯·伯吉斯，2003，管制和反垄断经济学，第48—49页，上海财经大学出版社。

体系，同时拥有电影制作、发行和连锁戏院。美国高等法院在
1948 年裁决五大公司违背了谢尔曼反垄断法，强制要求电影制
作与剧院分离。这对美国电影业在第二次世界大战后的发展产
生了重要影响。而在今天的中国，许多电影制作公司都向下游
挺进，经营电影院放映业务。不同国家的法律制度与实施显然
能够直接影响文化产业的生产结构。

在出版业，亚马逊已经宣布要进入出版领域，它是典型的垂
直一体化生产模式，制作内容后，便直接进入发行终端。它是否
违背了美国的反垄断法，又是一个有待后续观察的可能案例。

本书所涉

以上点滴残篇，其实与全书的内容无关。本书只是作者走
马观花中西出版史的一点札记，且所关心的时间段都在百年以
前。随着本书的完稿，这段探索旅程也要告一段落。不过上面
两节所述，可算是我关心出版史的动力来源，之所以从对出版
史一无了解，转而涉入其中，主要还是在于对文化如何成为一
门生意的兴趣。知古可以悉今，至少为未来寻找可能的途径。

正文中的三篇文章，第一篇文章是关于宋代出版与理学的
关系，有部分篇幅涉及印刷史上的一些疑问，如印刷术的起源
等，这也是因为它与早期出版密切相关。关于朱熹的出版工作
部分，包含了作者的心理猜测，毕竟今天已经难以知晓朱熹当
年的心态究竟为何，不过从他本人的执着态度来看，印刷术似

乎确实像一把利器，赋予了朱熹构建思想体系的强大力量。到了明代，商业兴盛，士子数量大增，出版的重心自然扩展到了科举用书、词曲、医书、类书、白话小说等类型上。第二篇文章以《三国演义》为例，涉猎了与当时出版相关的各种问题，诸如版本、图文形式、读者对象等。其中涉及了蒲安迪教授的观点。蒲先生是中国古典小说研究的大家，他认为古典白话小说其实是文人小说，与说书与曲艺这些通俗文艺完全不同。在某种程度上，这个观点当然有正确的成分。但从明代的商业实践来看，白话小说的主要读者群还是未有功名的生员阶层，而非精英士大夫。而且书商也刻意借助商业的运作手法，以细分市场，尽力将作品推广到所有可能的潜在读者中。

第三篇探讨了商业在西方出版史中的力量，由于跨度过大，文章过度跳跃，也曾有修改的意愿，不过最终还是放弃，只作了少量修订。主要原因是可增添的篇幅过大，不如另取题目，再写一篇。西方在过去半个世纪关于图书史的研究庞杂浩大，除了年鉴学派费夫贺的《印刷书的诞生》开风气之先，后来更有许多一流学者开展了原创性的工作，如达恩顿、伊丽莎白·爱森斯坦、Roger Chartier、Adrian Johns 等，将来如有机会和时间，当然希望能转入相关话题，作进一步的讨论。

几篇文章卑之无甚高论，最多算是读书笔记，在阅读这些作品的过程中，也确实发现中国图书史是一座有待挖掘的宝库，中国过去的研究过于侧重印刷术等物质层面，而少从出版与社会、出版与思想变迁等角度出发，近十余年来，大木康、井上进、周绍明、包筠雅、贾晋珠、芮哲非等学者先行一步，在这方面已有不少开创性成果，但仍有许多方面值得进一步研究。

最后，文章草就之际，要感谢香港科技大学李伯重教授、中国社会科学院吕大年老师的指正，以及厦门大学刘永华教授的批评，当然文责自负；感谢浙江大学出版社领导对我工作的支持。同时也要感谢俞晓群社长作序，当然他对年轻后辈的评价必然带有许多夸张成分。

印刷术与宋代思想的变迁

一、印刷术的出现

世所公认，印刷术是在东亚诞生的。中国所见最早的可定年代的印本书为敦煌出土的《金刚经》，时间为公元 868 年。从此经的印制精美程度，以及关于印刷的文献记载来看，印刷术的出现时间还可继续向前推进，只不过究竟可以推到哪个时间，尚待更明确的证据出现。[1] 从现存实物看，最古老的印本则为朝鲜的《陀罗尼经》，印刷时间在公元 704—751 年之间。[2] 钱存训和张秀民等学者都认为，此一经书应在中国印刷，其理由为经书中有武则天所造的特殊字体，且唐朝与朝鲜文化交流频繁，因

---

[1] 国内有众多学者论述印刷术的起源时间，从汉到唐初皆有，但多数并不可信。辛德勇在其新作《论中国书籍雕版印刷技术产生的社会原因及其时间》（未出版电子稿）中对此作了全面的批判。

[2] 关于此经的确切印刷时间，也尚有一定疑问，参阅同上。

此经文可能为唐朝印刷后送至朝鲜处。[1] 这样的推断固然有其合理之处，不过也只是推断而已。764—770年，日本本土也印刷了《陀罗尼经》，并且留传至今，以当时中、日、朝之间的文化交流之频繁，我们也可合理推断，朝鲜当时也有可能已经掌握了印刷术。从另一方面看，文化的边缘地区反哺核心地区也是很常见的现象。以当代为例，雷鬼乐起源于牙买加，却发扬于英美，成为红极一时的流行文化。我们不能因为英美是当代流行音乐的大本营，便贸然推断认为雷鬼乐也必然起源于英美。而在接近同一时期内，印刷术在朝鲜、日本、中国都有发现，当时的东亚文化交往之密切可见一斑。

宗教类作品尤其佛教经典是中国早期印刷的重要产品，也可以说是印刷术得以起步发扬的一大动力，这一点与西方颇有相同之处。钱存训便认为，"在初唐时期，佛教盛行，中国印刷术在此时诞生，当系受佛教信徒大量复制佛经的影响"[2]，此一推断相当合理，唐代佛经抄写是一门大生意，官方多次组织抄写《大藏经》，民间写经也多有人在。[3] 向达曾概述其变化为，"当为由印象以进于禁咒，由禁咒进步始成为经文之刊印，而其来源则与印度不无关系也"[4]。最早研究中国印刷史的卡特也认

---

[1] 参见钱存训，1995，造纸及印刷，第190—194页，台湾"商务印书馆"；张秀明，2009，中国印刷术的发明及其影响，第220—223页，上海人民出版社。

[2] 见钱存训，1995，造纸及印刷，第12页，台湾"商务印书馆"。

[3] 唐代官方与民间写经可参阅，曹之，2008，中国出版通史，隋唐五代卷，第301—317页，中国书籍出版社。

[4] 向达，唐代刊书考，收入宋原放主编，2004，中国出版史料（古代部分），第一卷，第149—166页，山东教育出版社、湖北教育出版社。

为，在中国发明印刷的时代，也正是中国史上宗教最盛的一个时期，"艺术随宗教而来；而随着宗教和艺术，又带来了促进印刷发展的新动力"[1]。

唐代时期纸写书已经相当普遍，并在民间形成了一个抄写经书的职业群体。一卷经书的完成，需抄、校、典正三个流程后，方能得到官方的许可进行销售。至于官抄本，程序则更为复杂，需三校四阅及官方的判官决审后，方可完工。[2]通过雕版印刷，可省去人力抄写之繁，且经书本身内容固定，无需修改，需求量又大，也相当适合进行印刷。

尽管唐末印书已经不少，且出现了专门的印书铺，刻印佛经与历书，但唐代的图书仍以手抄本占据绝对主流。就官方而言，保存和传播典籍的主要办法仍然是抄书。从唐高祖武德五年（622年）到文宗开成元年（836年），官方组织过6次大型的抄书活动。[3]而民间人士的藏书与著书也是通过手抄完成。白居易的诗文多次结集，均以抄录的形式保留副本，传至后代。[4]

在唐时期，文献表明官府和民间都已进行雕版印刷。在五代时期，国家力量进一步介入印刷事业。公元932—954年，冯道奏请雕印儒家《九经》，这是中国史上第一次刻印儒经，并且

---

[1] 参阅卡特，1991，中国印刷术的发明和它的西传，第4章，商务印书馆。

[2] 白玉岱，敦煌遗书与我国古代的图书翻译及抄写，收入宋原放主编，2004，中国出版史料（古代部分），第一卷，湖北教育出版社、山东教育出版社。

[3] 参见曹之，2008，中国出版通史，隋唐五代卷，第238—240页，中国书籍出版社。

[4] 同上，第244页。

面向民间销售，也可以说是官刻本的源起。官方雕印经书，同时将印本经书作为标准本，规定民间写经，也须依此印本。宿白认为后唐以来的此种做法是国家对雕印事业的控制[1]，但更有可能的是，官方介入并主导经典出版的一大动机，是看到了通过印本来规范与控制思想市场的机会。官方同时也组织雕印佛经，吴越以佛国著称，在公元956年、965年、975年，曾三次印刷总量达八万四千卷的《宝箧印经》。[2]

二、印刷术的成熟

印刷术在宋朝走向成熟。从专业分工看，雕版印刷所需要的写、刻、印、订四大工序，在宋时均趋于完善。从印刷过程看，要完成一本书，首先要请抄写员誊写原稿，即写样，然后再作初校和二校。校正后的写样反贴于木板表面，待字迹粘附于木板之后，刻匠便依此雕刻，其完成品便是雕版。在后面的印刷阶段，印工用调好的墨汁施于版面，再铺上白纸，待揭下晾干后，一页纸便告印刷完成。最后则是装订，宋时流行蝴蝶装，其后装订方式逐渐演变，至明代始稳定为今天仍可见到的线装。[3]

---

[1] 宿白，1999，唐宋时期的雕版印刷，第6页，文物出版社。
[2] 参见钱存训，1995，造纸及印刷，第199—200页，台湾"商务印书馆"。
[3] 参阅钱存训，2012，中国纸和印刷文化史，第6章，收录于钱存训文集，第二卷，国家图书馆出版社。

印刷出版是一个复杂与系统的产业，就物质投入而言，需要木料、纸、墨等原料。制作板片通常选用枣木、梨木和梓木；纸张制作则往往以树皮或竹为材；而早期的制墨也以松烟为基础，因此中国的印刷出版与木材业有密切联系。中国的雕版印刷与西方活字印刷术的一大区别在于，前者不需要印刷机，因此也无需机械制造方面的知识和冶金技术。这使得中国的印刷出版更依赖于劳动力，所能获取的边际利润也相对稀薄。就投入而言，前期出版的花费不小，非等闲能为之。故宋时的出版重地，除了汴京以外，杭州、川蜀与福建，也均为区域经济之中心。[1]

总体而言，宋代开启了雕版印刷的繁荣期。开朝之初，中央政府便迅速地利用印刷术进行政治治理与文化整理。公元963年，宋太祖便下诏刻印《建隆刑统》，统一全国刑律，同时及后代政府又不断编印颁行《编敕》，以作补充。[2]印刷术很快便被朝廷用为治理之术。

在文化整理方面，公元971—983年，中央政府下令雕印《大藏经》，以后又多次校勘出版《九经》。公元994—1062年，由国子监校定并雕印出版十五史，以知兴替。同时还编修了标志性的四部总集，《太平御览》、《册府元龟》、《文苑英华》和《太平广记》。此外，天文医学，也为朝廷所重，如宋仁宗时，

---

[1] 总体而言，宋代的刻书地点是相当广泛的，全国各地几乎都有从事出版的记录，其中一个原因是中国传统的印刷出版带有很重的政府色彩，地方官又常常提倡出版。

[2] 参阅李致忠，2008，中国出版通史，第4章，第56、57页，中国书籍出版社。

便校刊出版了《内经素问》、《灵枢》、《难经》等古医书，并新刊《图经本草》。[1]地方官府、各路使司以及各级学校也频频编纂付印，且范围更广，除去经典正史之外，也出版名人大家的诗文集或医书。

除去汴京、杭州、川蜀、福建几大出版中心之外，全国各地几乎都有印行出版的记载，其出版内容也涵括经、史、子、集。至于民间的坊刻出版，更是盛极一时。从成本回报而言，坊间出版当然更重视市场面较大、能常销的经典作品，以及流行畅销的文人别集，据统计唐五代以前的别集不过400家，宋人自著文集约有1500种，绝大多数都曾在两宋时期刻印出版。同时，民间也承接政府的部分出版工作，如南宋中叶，眉山坊间便刻印了千卷的《册府元龟》。

坊刻的最大特色是逐利，在名人文集之外，还出版官刻所不愿涉及的古今别集、杂闻怪谈、文学轶事，且会根据市场需求编选作品。以北宋杭州最有名的陈家书铺为例，所出图书除了李贺、鱼玄机这些唐代文人诗集外，还编选出版了《前贤小集》、《前贤小集拾遗》、《书苑菁华》、《灯下闲谈》、《剧谈录》、《续世说》等作品。[2]

然而，宋代出版的繁荣景况究竟如何，尚有值得探讨之处。宋时图书的传播范围是主要局限于文人墨客，还是已经走入寻

---

[1] 宿白，1999，唐宋时期的雕版印刷，第38页，文物出版社。
[2] 参阅李致忠，2008，中国出版通史，第4章，第92—96页，中国书籍出版社。

常百姓家？当中的关键要点是，当时一般印本书的成本和定价为何，印本书占图书的份额又为多少？

雕版印刷的主要成本可以按流程分为两个部分，即雕版成本与印制成本。誊写书稿及雕刻书版的成本为雕版成本，雕版完成后，可在以后的印刷中重复使用，属于固定资产。由于刻后的书版具有再次印刷的价值，它事实上颇类似于一种有形的版权，可以作为财产而传之后代，也可不断转让交易。关于一块书版的最大印数，由于涉及不少参数，如木板本身的质地、在印刷过程中是否及时"歇版"、平时的保存又是否良好，故变化颇大，最少的估计也应在 2000 次以上，较高的估计可达到 15000～30000 次。[1] 而印制成本则包括刊印所需的纸、墨等物料和人工费用，它随着印数的增加而增加，属于可变成本。

袁逸根据日本慈觉大师圆仁的购书记载和《宣和书谱》的记载指出，在唐时，印本书的定价约为抄本书的十分之一。[2] 然而考虑到唐时货币经济并不发达，且晚唐正是货币经济衰退、实物经济再次盛行的时期，就算上述史料确可互相比较，也并不能证明当时印本书在成本方面已经远低于手抄书，更何况从宋代的其他书价资料来看，十倍的定价差最多只能说是个案，没有普遍性。公元 1147 年，30 卷的王禹偁文集售价为 5000 文；

---

[1] 参阅周绍明，2009，书籍的社会史，第 17—19 页，北京大学出版社；缪咏禾，2008，中国出版通史，明代卷，第 278—279 页，中国书籍出版社。另参阅，何朝晖，"试论中国传统雕版书籍的印数及相关问题"，收入周生春、何朝晖编，2012，"印刷与市场"国际学术研讨会论文集，第 205—221 页，浙江大学出版社。

[2] 袁逸，唐宋元书籍价格考，编辑之友，1993 年第 2 期。

在公元 1176 年，厚达 1300 双页的《易经》，售价为 8000 文，以当时的物价而言，印本书仍然非常昂贵。[1] 周生春等则在袁逸的基础上，利用南宋及元代的 8 种书籍进行推算，得出结论为每页印造成本（包括了书版的损耗）在 3 文足左右。据此计算，首次雕版印刷的图书售价高于手抄本，而手抄本的定价又高于赁板印造书，后者略相当于重印书。[2]

如果这样的估算具有代表性，那么在当时，印本书在成本方面的吸引力并没有那么大。再算上当时的交通运输成本，印本书最多只在几个出版中心地带能为读者所大量购买，而在更为广泛的地区，手抄本显然是更为可行和可能的选择。

根据《中国古籍善本书目》收录的 5 万余种古籍所作的统计研究，表明至少一半以上的图书为手抄本。周绍明再引用井上进的研究，表明在南宋到明中期的印本生产水平，"经、史、子部书的印本只是在 15 世纪的后半期才显著增加，而集部书在 1500 年以后才这样"。因此印本书要到 16 世纪中期，才在江南地区彻底取代了手抄本。[3] 而即便在明代，藏书家也仍然将抄书作为充实藏书的重要手段。[4]

再从出版类型来看，大木康分析了日本和中国所存的宋元

[1] Denis Twitchett, 1983, *Printing and Publishing in Medieval China*, p. 64, Frederic C. Beil Publisher.
[2] 周生春、孔祥来，宋元图书的刻印、销售价与市场，收入周生春、何朝晖编，2012，"印刷与市场"国际学术研讨会论文集，第 55—72 页，浙江大学出版社。
[3] 以上数据见，周绍明，2009，书籍的社会史，第 39—45 页，北京大学出版社。
[4] 陈冠至，明代江南士人的抄书生活，"国家图书馆"馆刊（台北），2009 年第 1 期，115—143 页。

版本情况，指出"北宋的确出版了涵盖经史子集的四部，但占当时出版物大部分的是由前代人所著书籍"，也就是古典著作。而从南宋到元代，出版的范围变得更广，也开始刊行同时代人的诗集[1]。至于明代，这种情况就变得相当泛滥了，甚至有学者鉴于此种风气，拒绝刊印自己的文集。[2]

以目前的资料，对宋代的图书出版数和总量所作的估计必然有其缺陷，尤其是后世学者少有提及的商业性读物，对其产品结构，及当时所占的市场份额和流通范围更是难以定论。不过图书作为文化产品，自然会反映出相应的时代气息。以宋、明两个中国经济繁荣期为例，它们彼此在整体文化气质上便存在显著差异。宋代文化以士大夫为模范，而明代最为人乐道的则是其奢侈性的消费文化。[3]

宋代有此特征，当然是因为贵族政治逐渐崩溃，科举大开，文士阶层前所未有地壮大，其社会地位亦跃升为顶层。余英时曾以宋代进士考试更受礼遇和宋代"不杀大臣及言事官"为例说明宋代皇帝之尊士达到了空前绝后的程度。

而明朝消费文化大兴所显现的则是经济的高度发达，以及商人地位的上升。亦有学者指出，科举进一步普及而造成的上升通道相对狭窄，多数士子以生员地位告终，没有更多的

---

[1] 大木康，2014，明末江南的出版文化，第5页，上海古籍出版社。

[2] 同上，第8—9页。

[3] 当然由此作出的推论需非常谨慎，一方面，明代奢华的物质文化消费集中于几个城市核心地带，不能由此泛滥至全国的消费情况。另一方面，社会文化气质与文化消费能力间并不存在一一对应的关系。

仕途空间，也是原因之一。据估计明代有 50 万生员，而从生员最终能成为进士的比例只有三千分之一。[1] 这一点或许亦是事实，但正如其他宋、明两代间的比较一样，其差异程度究竟如何孰难确定，在南宋时期，每一次参加科举的考生可能也达到 40 万人。[2]

当然，我们至少可以推证，印本书在相当程度上促进了教育的普及，造就了数量如此众多的文人阶层，而其文化消费能力也是可以想像的。教育普及的另一个例证则是蒙学读物大兴，《三字经》《百家姓》《名贤集》《性理字训》《小学绀珠》等一大批蒙学读物均在宋代编纂出版，很快便取代了之前的同类读物，并流传至明清时期。由于南宋科举考试重视历史，故历史类的童蒙读物出版也颇为流行，包括《圣宋蒙求》《史学提要》等。[3]

同时，图书是社会整体文化消费的一部分，不可能脱离基本的社会消费能力而存在。印刷术的各项要素在南宋已趋于成熟，后世的改进有限，区别在于成本与购买力。而从成本看，有证据表明，明代刻书的成本确实有了大幅下降，这其中包括线装书形式的采用、廉价纸张的开发，以及最重要的，在抄写和刊刻过程中引入更容易掌握的匠体字等。[4]

---

[1] 参阅巫仁恕，2008，品味奢华，第 56—60 页，中华书局。

[2] 参阅包弼德，2012，历史上的理学，第 191—193 页，浙江大学出版社。

[3] 林士铉，南宋的史学振兴与史学通俗化，收入李天鸣主编，文艺绍兴南宋艺术与文化·图书卷，第 52—63 页，台北"故宫博物院"，2010。

[4] 周绍明，2009，书籍的社会史，第 22—28 页，北京大学出版社。

再考虑宋、明两代的整体经济状况。宋代是中国商业的繁荣期，但其经济发展和经济中心也经历了曲折的变迁过程。斯波义信在比较宋明两代经济时指出，包括商店的专营化程度、流通商品的规模和质量、商业和手工业的专业化程度，以及货币供给量，均有明显的增长。[1] 虽然其程度尚有争议，但明代富庶地区的购买力超越宋代应是无可置疑的事实。

以杭州所处的江南地区为例，从农业生产力来看，江南核心地区经济的急剧上升启动于北宋的中后期，并一直持续到南宋时期。[2] 而江南相比于其他地区的勃兴，则是自北宋中期起。李伯重也认为，北宋中后期的江南农业生产率确有较快速度的上升，但仍比不上明代后期与清代早期的发展速度。[3]

虽然不能仅从农业生产率一个角度来推断整体的经济情况，尤其是南宋时期的杭州作为都城，集聚了帝王将相，它的城市消费力可能是空前的。但商业性图书，作为一种文化产品，对购买力非常敏感，其繁荣必须建立在整体经济的高生产力之上。因此对宋代特别是宋代早中期的图书消费，似不能有太高的估计。

或许可以认为，在宋代尤其是南宋，印本书已经成为深入士人文化生活的重要部分，这当中既有科举的制度支撑，又有

---

[1] 斯波义信，2012，宋代江南经济史研究，第21—23页，江苏人民出版社。
[2] 同上，第137—161页。另参阅，李伯重，2013，理论、方法、发展、趋势——中国经济史研究新探（修订版），第141—169页，浙江大学出版社。
[3] 参阅李伯重，2013，理论、方法、发展、趋势——中国经济史研究新探（修订版），第87—138页，浙江大学出版社。

学术和商业的需求刺激。然其相对价格仍然偏高，而且从商业类图书的内容和形式看，也未像明中后期那样，提供了从绣像小说到情色文学的各类作品，将读者群发展到各个阶层。

三、印刷术与宋代思想的新特色

相较于西方，中国的印刷术成熟的时间要早得多，因此保存下来的早期历史遗迹也要稀少得多，更难以进行定量化的分析与探讨，自然也就更难描摹其全貌。在历史上，早期印刷术对中国的文化与学术究竟起了怎样的推动作用？印刷术在中国的出现是否像在西方那样，引发了文化和思想的解放？本文当然无法对这些问题作出完整或一劳永逸的回答，至多只能从一个问题引出另一些问题，或者提出一些带有摸索性质的分析。

有宋一朝，是中国文明的高峰。宋代的政治生态与前朝显著不同，科举勃兴，士大夫执掌大权，所谓君臣同治天下，尽管是一夸张之词，毕竟是君尊臣卑，却也反映出当时的政情开通。按余英时所述，北宋以来士大夫的政治主体意识显现，而宋代的皇权也对此展现了后世所未见的雅量。[1]宋朝的士大夫阶层人数众多，不仅是一个有力的政治共同体，更拥有强大的经济能力，直接塑造了宋代的学术、文化与审美意识。

同时宋代经济繁荣，商业与手工业高度发达；当时的文学、

---

[1] 参阅余英时，2004，朱熹的历史世界，第4章，生活·读书·新知三联书店。

艺术、科学、哲学等各领域，都有标志性的成果问世，领先于亚洲以至整个世界。如谢和耐所说，在 11 至 13 世纪，中国和伊斯兰是最为先进的两大文明，当时的中国，正处于一个"文艺复兴"式的时期。[1] 而印刷术，正是此一繁荣时期最有力的呈现者。卡特便认为，"《九经》的刊印，是使儒家经文和学说在全国人民视听中恢复佛经兴起以前地位的力量之一，其后继起的古学重兴，只有欧洲重新发现古典文献以后出现的文艺复兴堪以相比"[2]。

印刷术在西方兴起之后，首先被用来印刷拉丁与希腊作家的作品，促成了古典文化的复兴，而在 16 世纪之后，俗语文学逐渐盛行。不过正如布克哈特所说的，古典文化的复兴不过是皮相，"征服西方世界的不单纯是古典文化的复兴，而是这种复兴与意大利人民的天才的结合"[3]，换言之，是旧瓶装新酒，借助古典文化而打开探索新世界的大门。

就此来看，东西方的这两场"文艺复兴"确实有诸多类似之处。首先提出"唐宋变革说"的内藤湖南便从政治制度、君主地位、官吏录用，以及经济与文化的变化等角度出发，指出从宋代起，中国迈入了近世社会。[4] 这里的近世，其实对应的便是宽泛意义上的近代西方，也就是文艺复兴以后的西方。从文化上看，近世

[1] 参阅，谢和耐，2008，中国社会史，第五卷，江苏人民出版社。
[2] 卡特，1991，中国印刷术的发明和它的西传，第 10 章，商务印书馆。
[3] 布克哈特，1979，意大利文艺复兴时期的文化，第 166 页，商务印书馆。
[4] 内藤湖南，2004，中国史通论，第 323—334 页，社会科学文献出版社。

中国的最大特点便是不再沿袭旧说，而是尝试对经典进行再诠释。

宫崎市定进一步发挥内藤湖南的观点，明确认为宋代实现了与文艺复兴"并行与等值的发展"。文化复兴的核心是一种不再拘泥于经典，而开始寻找衡量人与社会的外在标准的精神状态，是人类心灵的一次觉醒。也因此，批判或者说重新诠释经典是文化复兴的必然主题。宫崎市定进而指出，宋代学者已经放弃了将礼在今世复兴的尝试，而是试图思考经典的真实含义，因此"宋学虽然标榜复古，实际以重新整理儒教告终"[1]。

抛开将宋代与文艺复兴作比较而在时空背景所遇到的困难，这个论断是很具启发性的，在整个宋代，不断有绕开传统注疏，而通过自己的研究来发展经学、恢复圣贤之道的尝试，从欧阳修、王安石、二程到朱熹，无不如此。而且如果观察宋儒的思想历程，便会发现他们有意地将其思想的引证来源从古人转移到当代同道当中。如朱熹的《四书集注》很少引用前代的注家，而主要采用二程及后辈理学家之说。这既是因为四书的研究本来就是在二程的倡导之下才跃为显学，同时也表明那时的学者早已不再一味奉古。

至于在探索自然方面，宋代学者更展现出不求古、只求是的实证精神，其求索的广度与深度亦是空前。以宋代最伟大的科学家沈括为例，除了今天所见的《梦溪笔谈》涉及音律、算

---

[1] 宫崎市定，东洋的近世，收入日本学者研究中国史论著选译，第一卷，1992，第255页，中华书局。

术、医学、军事、农学、地理等多个领域外，他还曾撰写这些方面的专门著作，包括《别次伤寒》、《乐论》、《熙宁奉元历》、《天下郡县图》、《茶论》等，只是到了南宋时期，这些书都由于战乱而不传。[1]

除学术之外，在文学艺术乃至收藏方面，宋代文人也表现出相同的趣旨，可佐证宋代的这种思想转折是全方位的。艾朗诺通过分析欧阳修、刘攽、司马光等人的诗话文章指出，与前朝的诗话作品不同，《诗经》和《楚辞》已经极少被引用，陶渊明的诗则一跃成为源头经典，而宋代诗人所真正视为高峰的，则是唐诗。[2]

当然，亦有学者认为宋代中国的顶层仍然是专制体制，在后世也没有向外扩展的实践，只是在某些领域与欧洲的近代有类似之处而已。[3]但宋代学者在思想上不断推陈出新，不盲从古人之论，注重讨论与思辨，却是不争的事实。最极端如王安石，其"天变不足畏、祖宗不足法"之勇气为前人所不见，而所推行的各项经济改革政策，大胆有力，更是古人所不曾想。即使在后期如朱熹者，也将学问之根本归为"为己之学"，注重个人的内心体验，而非前贤经典之定论。

宋代学者之所以有这样的普遍见解，当然有其多种原因。儒家要从中古的不振中复兴，便必须面对当时已盛行长久的其

---

[1] 参阅胡道静，2011，沈括研究科技史论，第14—16页，上海人民出版社。

[2] 参阅，艾朗诺，2013，美的焦虑，第60—65页，上海古籍出版社。

[3] 参阅刘子健，2002，中国转向内在，序言，江苏人民出版社。

他学说的挑战，如趋向入世的新禅宗和新道教，这自然要求儒家学者在批判其他学说的同时，更要有能力加以吸纳与融合，而不是一味遵循旧说。[1]

岛田虔次曾经总结宋代的学术思想特征为三：第一，建立了针对佛、道的儒家正统；第二，将实践作为士人的必修学问；第三，强调思辨更多于博学。[2] 事实上，这样的归纳有以偏概全之嫌，也无法呈现宋代士人学术思想的多元性。宋代有很多文人主张佛儒道同源，或游离于佛儒之间，对正统性问题并不那么重视。陆九渊的心学将尊德性放在第一位，而非道问学，这也是他与朱熹的思想争论所在。强调思辨倒确实是宋代士人的一大特色，然而这也是所有文化争鸣时代的特点，并非宋代所独有。岛田虔次的分析和判断更接近于宋代主流思想尤其是程朱理学，而忽略了其他旁支细流的丰富个性。

如果再推衍到北宋时期的欧阳修、苏轼、范仲淹、王安石、司马光，宋学所呈现的是百家争鸣的多元特色，是在经学、史学、文学各个领域的全面探索与尝试。这当中不乏颇为"现代"的思想与主张，如王安石的"为天下理财"，以及陈亮的"开物成务"。

那么，此种变化与印刷术又有何联系？其中的一个重要关

---

[1] 参阅余英时，2007，唐宋转型中的思想突破，收入人文与理性的中国，第50—67页，上海古籍出版社；另参阅余英时，2001，中国近世宗教伦理与商人精神，上篇，安徽教育出版社。

[2] 参阅岛田虔次，宋学的展开，收入中国思想史研究，2009，第257—277页，上海古籍出版社。

联是，印本使得作者能够"控制"自己的产品。田晓菲认为，在手抄本时代，文本的存在形式是相当开放的，作者完成稿子以后，抄写者会通过"抄写、编辑、改动、修饰、补缺等种种活动"，参与手抄本的创造，这与今天的情况大不相同。在手抄本时代，一名歌妓"可以毫不犹豫地随笔铅正诗圣杜甫的诗稿并得到人们的赞美"[1]，这显然颠覆了今天人们对作者、编者、读者的惯常看法，其实这三者的分工也是在印刷术逐渐成熟的过程中才慢慢定型的。

不过如果仅从文本的开放性角度来着眼，那么我们也可以提出无数的反例来表明，即使在印刷术走向成熟的明代，文本仍然具备相当的流动性。诸如《三国志通俗演义》之类的白话小说，在成书之后，通常都经历了极为复杂的版本演变，才转变成今天通常所见的样子。如包筠雅所指出的，作者、编者、编辑，乃至盗版商，都有可能对文本进行重新组合。[2]

问题在于，在印刷术成熟之前，文本的流动性在范围上有相当的局限，而且这种流动性是极不稳定的。很难确认到底是谁，或者是为了什么原因而对文本进行修改，同时修改的方向也是不可预期的。而在印刷术成熟之后，文本的流动性便逐渐受限于出版的传播链条。出版者修改文本的目的通常是为了构建学术体系或单纯逐求利润，换句话说，这种流动性逐渐被

[1] 田晓菲，2007，尘几录，第 208 页，中华书局。

[2] Cynthia J. Brokaw and Kai-wing Chow edited, 2005, *Printing and Book Culture in Late Imperial China*, p.20, University of California Press.

"制度化"。这种制度化似乎又可以分为两类，以营利为目的的商业出版，和以"传世"为目的的非营利出版。

从商业出版看，如我们考察《三国志通俗演义》的版本变化便会发现，在100余年的《三国志通俗演义》成书史中，由不同的编注者刊行了数以百计的不同版本，但这些版本却可以由涓涓细流逐渐合拢，最终汇合成以毛评本为标志的通行本。商业这只"看不见的手"引导着编者和书商去迎合读者，故此，这种流动性的方向恰恰是可预期的。

正如田晓菲所指出的，"物质文化和技术的发展会反过来影响人们感受认知世界的方式"[1]。或者更进一步说，技术的发展使得人们可以以新的形式来影响其他人感受世界的方式。在宋代，商业出版还谈不上成熟，首先懂得利用印刷术的这种特征的不是商人，而是国家政权以及像朱熹这样的士大夫精英。

在印刷术之前，由于文本的流动性及保存的困难，很难出现真正意义上的成体系著作。孔子可说是早期中国思想体系最为完备的作者，但《论语》也并非他本人的定稿，而是后人的整理和改编之作，因此已经很难判断其中哪些是孔子的真正思想和意图，哪些又是门生或后人的改编。然而这正是前印刷时代的常见情况。先秦时代的诸子百家，其原初思想究竟如何都很难确定。

而进入印刷时代之后，印刷术可供文本创作者用来"控制"

---

[1] 田晓菲，2007，尘几录，第9页，中华书局。

思想的流动，从而为较为完整的思想体系构建奠定物质基础。这一点似乎中西皆然，休谟曾经向他的出版商指出，印刷术的最大优势就在于可以在后续的版本中不断连续地改善和修订作品。[1] 而正如后面所分析的，朱熹亲自编辑甚至刊印他本人以及理学先贤的大量作品，正是为了构建完整的理学体系与思想框架。在某种程度上，朱熹的理学体系就是由他本人所编辑刊行的作品所完成的。没有印刷术的支持，朱熹无法完成他的理学体系，也无法厘清他的学术脉络。

　　另一方面，从社会层面来看，宋代经济空前繁荣，却又面对重重外敌入侵，也自然会引发人们去寻找能在这样的社会中获得内心安宁的新世界观，将天下从"无道"转为"有道"。如以旧说观之，新时代是那样的复杂与多变，违背了圣王之道，乃至不可理解，学者们必须开拓旧说，重建纲常。而在不同维度上的思考以及互相之间的争辩，使得宋代出现了中国历史上的又一次思想大繁荣。与中国历史上另两次思想繁荣期春秋战国和魏晋相比，前两者均处于国家分裂、政府对社会控制力较弱的特殊时代，而宋代（尤其是南宋）尽管也饱受外敌入侵之忧，但仍维持着政权内部的统一。宋代的文化繁荣显然要得益于皇权对士大夫的特殊礼遇、商业繁荣所引致放大的文人精神生活方式，以及由印刷术而迸发的思想争鸣。

---

[1] Elizabeth Eisentein, 2005, *The Printing Revolution in Early Modern Europe*, p.86, Cambridge University Press.

　　诸此种种，也必然要求当时的学者对时代的重大问题作出回应与阐述，而如果只是追随前贤先知，是不可能得君行道，占据中国思想之主流的。儒学在中国历史上的几次复兴，都带有鲜明的综合与应时的特色，这也充分反映出儒家学说所蕴含的高度包容性和适应力，以及学说内部的杂糅性。

　　要对这一点有更清晰的认识，不妨以西方近代以来经济思想史的发展作为比较。海尔布罗纳认为人类的社会秩序无非有三，传统、命令，以及市场制度，而他把西方自亚当·斯密、马尔萨斯以来直到凯恩斯、熊彼特的几代经济学家称之为世俗哲学家，正是因为他们取代了传统哲学家的工作，向社会阐明市场制度的运作一样是有秩序可循的。[1]

　　如果我们从这个角度理解朱熹与叶适、陈亮在义利王霸、天理人欲等方面的论战，便不妨认为，他们都试图利用儒家的经典开辟新境，再造乾坤。陈亮主张事功，实际上是以能看得到的"利"为最高标准，只不过在陈亮看来，义利即为一体，因此利便是道。朱熹当然不同意这一点，而要用道心来统御人心。朱熹的观点看似保守，却是通过数十年对儒家经典的重新诠释而实现的，以维护圣贤之名改造圣贤之说。

　　可是此种改造也有它的内部困境所在，陈亮意图跳脱义利之辩，固然风行一时，但由于毕竟是在儒家的框架之下张扬功利，学说中的内部矛盾极为明显。孔子已经说过，"君子喻于

---

[1]　参阅海尔布罗纳，1994，几位著名经济学家的生平、时代和思想，商务印书馆。

义，小人喻于利"，义利两分是如此明确，因此陈亮的义利合一说招致朱熹等人的猛烈批判并不奇怪。改造学说必然要受到学说本身框架的限制，除非经过翻天覆地的变化，如新教之于天主教，否则种种"异端之说"总难以避免被排挤出主流的命运。

进一步看，从今天的角度而言，中国的近世学者最多只做到了包容发展中的商业社会，而从未试图去解释这种现象。余英时曾经比较加尔文主义与新儒家间的异同，并指出在朱熹的时代，儒家伦理已经不能回避商人的问题了。[1]但从他的论述看，至少有关宋代的证据是相当薄弱和间接的。儒家作为入世宗教，并不反对经商，只是历来不以其为国家根本而已。不过从传统哲学或形而上层面上理解或包容商业其实并无太多价值。亚当·斯密的意义并不在于理解或支持商业，而是试图为商业行为本身构建一个分析框架，从而为解析整个国家的运作提供了从微观到宏观的认识工具。

宋代中国的自然科学研究领先于整个世界，但后代学者并未显示出拓展这些新进展的兴趣。这并不是说，自宋代以后，中国的科学技术便停滞不前了。大约从 16 世纪末到 17 世纪中叶的晚明，中国又进入了一个科学文化的蓬勃发展期，其标志性成果包括李时珍的《本草纲目》、徐光启的《农政全书》和

---

[1] 参阅余英时，2001，中国近世宗教伦理与商人精神，中篇，安徽教育出版社。

宋应星的《天工开物》等。[1] 但在此时，相较于西方在代数、几何、天文历法等方面的成果，中国在科学理论上其实已经落后，只不过那时的东西方尚未全面接触，这一点还并不明显而已。更不要说，在接下来的一个世纪内，牛顿和莱布尼兹将创立微积分，纽科门将发明蒸汽机了。

至于当时在后代人看来如此生气勃勃的商业社会变迁，则更是不入大儒们的法眼了。因此，刘子健认为，儒家最终走向了自我的修身，转向了内在。[2] 这种转向内在，又通过官僚制度弥散到整个国家体系。后世学者虽也有工商皆本的说法，如王阳明便主张"四民异业而同道"，但这些主张在近代之前从未上升到国家制度层面。[3]

四、印刷术与理学思想的完成

印刷术的出现，似乎使得作者能够有意识地整理与整合作品，将"文化市场"从供给面推向一个更高的层面。在手抄本时代，作者当然也会收藏及整理自己的作品，但保存及流传的

---

[1] 参阅胡道静，2011，沈括研究，科技史论，第248—255页，上海人民出版社。值得指出的是，16—17世纪同时也是中国商业出版的一个高峰期。在这个时期，医书等实用著作的出版蔚为风潮。

[2] 参阅刘子健，2002，中国转向内在，余论，江苏人民出版社。

[3] 关于儒家价值观向商人阶层的渗透，参阅余英时，2001，中国近世宗教伦理与商人精神，中篇，安徽教育出版社。然而如前所述，在儒家思想中包容经商行为，或者在商业运作以及商人的为人处世中体现儒家价值是一回事，真正试图建构某种框架来理解商业行为又是另一回事。

难度极高，举例来说，现有的李商隐诗歌版本有赖于宋初爱好李诗的杨亿多年寻找，才从最初的 100 多首，扩充到后来的 400 多首，可见抄本搜觅之难。[1] 至于有意地将同类作品整理起来，形成共同的"学派"，则更是难上加难。而在印刷书时代，这一切变得容易多了。如在大中祥符元年（1008 年），杨亿将同仁酬唱的诗歌汇集，题为《西昆酬唱集》，这便是"西昆体"之由来。《西昆酬唱集》在大中祥符二年（1009 年）便可能刊刻出版 [2]，虽经官方压制却仍能盛极一时，影响后世文学，印刷术有其功也。

朱熹是宋代这场文化复兴运动的集大成者。严格来说，朱熹并无太多理论上的创新，他的贡献在于将儒学传统概念加以重新整合，构建了一个完整的哲学体系。朱熹终生致力于完成他的理学框架，而且持续地通过书院讲学与刻书出版来传播这套包罗万象的思想体系。

在同时代人中，朱熹可算是最典型的通过编书和刻书来表达自己思想的人。除《资治通鉴纲目》、《八朝名臣言行录》、《家礼》等少量作品外，朱熹生平著作可分为整理理学先贤著作与注释儒家经典两大部分。从乾道四年到乾道九年（1168—1173 年），朱熹集中编辑了二程的著作。在这之前不久，刘珙和张栻已经印刻了《二程文集》，然而由于所采用的胡安国家传本有不少错

---

[1] 参见孙康宜、宇文所安编，2013，剑桥中国文学史（下卷），第 328 页，生活·读书·新知三联书店。

[2] 参阅曾枣庄，《西昆酬唱集》及其版本和校注，长江学术，2012 年第 1 期。

误，引发了朱熹的不满，并同刘张两人展开了激辩。张栻最终仍未完全采纳朱熹的校正。[1] 朱熹与湖湘派在观点上的分歧，也促成了他耗费数年之功，编辑《程氏遗书》和《程氏外书》。

朱熹同时还编撰了理学史著作《伊洛渊源图》，将理学体系的继承脉络作了系统的整理。这样的整理，带有极强的选择性在里面，最明显的便是高抬原来默默无闻的周敦颐，将原来主张儒道合流的濂溪先生改造为新儒学的开山宗师。[2] 再加上他注解周敦颐著作的《太极图说解》、《通书解》和张载的《西铭》，到了乾道九年（1173 年），理学体系的溯源工作已告完成。[3] 朱熹的编撰和注释工作不仅规定了理学的内在理路，也引发了与陆九渊等人的论战，并最终令程朱理学与陆氏心学分道扬镳。

在朱熹的所有著作中，影响最为重大的自然是《四书集注》。朱熹先是序定《四书》，并最终于淳熙九年（1182 年）将四书合为一集，刻印于婺州，宣告了"四书"的诞生。在四书中，《大学》和《中庸》都取自于《礼记》，朱熹则从自己的理学体系出发，对这两部著作的章次进行了调整，然后再作注释。

朱熹一生治学，都与四书密切相关。在他的思想历程中，有非常明显的从采各家之论到成一家之言的过程。朱熹在早期便编辑《大学》和《中庸》的集说之作，重在取各家之言；在

---

[1] 参阅束景南，2003，朱子大传，第七章，商务印书馆。

[2] 参阅葛瑞汉，2000，二程兄弟的新儒学，附录 2，大象出版社。

[3] 参阅侯外庐等主编，1997，宋明理学史（上），第 378—381 页，人民出版社。另按束景南的看法，《通书注》是完成于淳熙十四年（1187 年），见朱子大传，第 784 页，商务印书馆。

乾道七年和乾道八年，他编注《大学章句》和《中庸章句》，开始"阐发要旨、别出己意"，但仍未至完善；到《四书集注》完成，则代表着他整个经学体系的成熟。[1] 在二程之前，四书已属于经典之列，但未被单独抽出，居于整个中国文化的核心地位。二程及其门徒对四书的重视被朱熹所继承和发扬，终令四书成为后一千年对中国影响最大的文本。

四书是理学体系的根基所在，朱熹将它看作是读经之阶梯，还规定了其阅读顺序，先读《大学》，其读《论语》，次读《孟子》，最后读《中庸》。因此，《四书集注》也是展现朱熹对儒学思想之理解的基本。《大学》的规模在于三纲八目，要修身齐家治国平天下；《论语》则是圣人之言行，后学当然要心仰而追随之；《孟子》所塑造的是比孔子更为刚烈和理想化的政治形象；《中庸》则是"子思子忧道学之失其传而作也"，所谓允执厥中，是儒家之心法道统所在[2]。四书合一，若能依此不断格物致知，便是完整的士大夫修行与处世之道。

正是因为四书对朱熹及其理学体系是如此重要，他在几十年中亦不断修订内容。朱熹在淳熙十二年（1185年）和淳熙十三年（1186年）对四书作了两次大规模修订，最后在淳熙十五年（1188年）又作了一次决定性的大修改，在第二年序定之后，完成了这个朱熹"生前流行最广"的本子。[3] 在这之后，

---

[1] 参阅束景南，2003，朱子大传，第八章，商务印书馆。
[2] 参阅陈赟，2007，中庸的思想，第1章，生活·读书·新知三联书店。
[3] 参阅束景南，2003，朱子大传，第十七章，商务印书馆。

他的主要研究工作转向了注解五经，但仍持续地修改《四书集注》，并在临终前一年（1199 年）于建阳印刻了最后一次的修订版。但这并不是终点，实际上，朱熹在临终前几天仍在修改《大学》，他自谓，"《大学》又修得一番，简易平实，次第可以绝笔"[1]。

如果说《四书集注》能够在宋代之后的中国长久流行，是因为被官方钦定为科举必读之书，凡是有志于仕者皆不得不读，带有很大的强制成分；那么《近思录》的长销不衰，则更多的是由于读书人自发的需求所致。

朱熹与吕祖谦在淳熙二年（1175 年）合编《近思录》，旨在令学子可得四书之门径而入。在朱熹看来，四书是六经之阶梯，而《近思录》则是四书之阶梯，因此可以把它看成是程朱理学的基本教材。[2] 朱吕二人合编《近思录》，带有非常自觉的借编撰刊刻此书来建立学派、吸引学子、与其他学派相竞争的意识。

当然，《近思录》并不是一本简单的教材而已。如其中所录的张载著作，其实是历史上首次刊刻，而且其中某些著作后来已经佚失，存世所见的，就只有《近思录》所载的部分。如无《近思录》之编撰，张载的许多思想也就不见于后代了。[3] 可以想像，在当时，《近思录》对许多学子而言，绝不仅是入门之读

---

[1]　束景南，2014，朱熹年谱长编（增补版），第 1410 页，华东师范大学出版社。

[2]　参阅严佐之，《近思录》导读，收入近思录，朱熹，吕祖谦编，叶采集解，2010，上海古籍出版社。

[3]　关于张载的著作情况，可参阅，张岱年，关于张载的思想和著作，收入张载集，1978，中华书局。

物，而是一窥理学之思想脉络的宝典。

同年冬，在完成书稿后不久，《近思录》便刻于婺州。第二年，吕祖谦门人潘景宪在婺州又刻《近思录》。此时，朱熹又对书稿进行修订，再作完善，并请吕祖谦作后序来发挥其书要旨。到淳熙五年（1178年）张栻刻于长沙和绍熙元年（1190年）朱熹刻于漳州时，作者又作了进一步补充。[1]之后在整个南宋时期，《近思录》多次在不同地点刊刻出版，存世包括建康版、严州版和明州版等。[2]除了庆元党禁时期无法公开流传之外，《近思录》的传播相当广泛和深入，而在宋理宗将程朱理学定为正统之后，其刊刻与流布更是一直长盛不衰。据不完全统计，宋、元、明、清四代刊刻的《近思录》版本至少在200种以上，[3]另有多种韩文与日文注释本存世。

这里特别值得指出的是，在1241年程朱理学几位大儒被"从祀于孔庙"之前，《近思录》的传播范围就已相当广泛。因为在这之后，程朱理学作为官方之正统，其传布受到朝廷体制的直接支持。淳祐时期（1241—1252年），朱熹的著作大行其道，为一时之风气是显然无疑的[4]。在之前，学子则主要是因为仰慕程朱之学术，而受其教诲。

在《近思录》之外，朱熹也注重通过编辑童蒙著作，包括

---

[1] 束景南，2003，朱子大传，第9章，商务印书馆。

[2] 张秀明，2006，中国印刷史，第81页，浙江古籍出版社。

[3] 程水龙，2010，理学在浙江的传播——以《近思录》为中心的历史考察，前言，第3页，上海古籍出版社。

[4] 张秀明，2006，中国印刷史，第72页，浙江古籍出版社。

《小学》、《训蒙绝句》、《童蒙须知》，以完成从小学到大学的完整理学教育体系。在《小学·序》中，他清楚地指出，小学是教人"洒扫，应对，进退之节；爱亲，敬长，隆师，亲友之道"，而这些正是大学所关切的修身、齐家、治国、平天下之本。朱熹对编辑蒙学著作的重视，体现出他借出版以推展理学的自觉意识。

朱熹的印书工作，学者论及较少。即使有讨论者，也主要关注朱子借印书以补贴家用，或朱熹如何为自己的谋利行为辩护。[1]但事实上，朱熹对刊刻一事，可算极为看重，以他一生行为之一以贯之，如只为谋利，并无花费如此精力之必要。而且他极为自觉地注意到了出版之于社会普及的价值，当门徒陈淳撰写蒙学著作《性理字训》之后，他认为此书"言语虽不多，却是一部大《尔雅》"，评价如此之高，并不见得是因为此书写得多好或多么合乎朱熹的心意，更可能是由于其书在训蒙普及方面的功效。

程朱理学能够在南宋及后来的朝代逐渐成为正统，当然得益于皇帝的钦定，然而皇帝的决定并非空穴来风。宋理宗早年便受教于理学中人郑清之，本人服庸理学思想，即位之后更是召集大量理学人士入朝，最后再将程朱等人入祀孔庙，在官方层面上肯定了程朱理学继承孔孟的正统性。

不过，宋理宗大兴理学，并在科举考试中以理学取士，更有其巩固权位、实现抱负之用。他逼死废太子赵竑，引来朝野

---

[1]　陈荣捷，1982，朱学论集，第220—222页，台湾学生书局。

舆论不平之声，君位不稳，而理学之三纲五常，正可为其执政所用。这一点，还可从他给予已逝的理学大儒极高荣誉，却并不重用当世理学家中得窥一二。如张金岭所指出的，"理宗大力崇尚理学与其政治上欲有所作为在时间上是一致的"[1]。

从党禁一案以来的南宋史可看出，理学思想之地位与政治人事紧密相连。笼络士人，说到底是对既有学术结构的承认。而既然是对既有之承认，那么印刷出版在流传思想、在学术界形成既定事实中之功效便大可彰显。学者要想确立其思想体系之地位，对上，自然是为君王师，君臣遇合；对同道，则是兴书院，教学相长；对下，一个有效的办法便是刊刻出版，以便延续学术，广散枝叶。自孔孟以来，得君行道便是儒家实现政治理想的不二途径，理学家自然也不例外。朱熹对后二者的运用则堪称为典范。据陈荣捷的统计，朱熹的门人多达 400 余位，远胜于守仁王门[2]，而一生之编撰著作，更多至 40 余种，几乎遍涉儒家经典。[3]

理学体系的建构跨越了整个宋代，从"宋初三先生"发端，到邵雍、周敦颐、二程、张载的发挥，直到朱熹手上才告段落，历时超过 150 年。朱熹的理学体系是在无数次学术争论之中逐渐澄清的，这也表明了当时儒学内部所呈现的多样性。从主张佛儒合一的张九成，到尊德性重于道问学的陆九渊，再到重事

[1] 张金岭，宋理宗与理学，四川大学学报（哲学社会科学版），2001 年第 2 期。
[2] 陈荣捷，2007，朱子新探索，第 305—309 页，华东师范大学出版社。
[3] 陈荣捷，2012，朱熹，第 10 章，生活·读书·新知三联书店。

功、强调义利合一的陈亮，在儒家这顶大帽子之下，事实上分离出了极为不同的路数和学问。

朱熹在完成他的理学体系过程中，有过数次重要的论战，除了早年反对佛儒道同源的论辩之外，后来的几次，包括与湖湘派、陆学、浙东学派之间的争论，均属于儒学内部的思想清算，对朱熹理学体系的完善有着至关重要的影响。朱熹之所以能够构建如此包容一切的宏大理学，完全得益于他通过编注出版儒家经典和理学前贤的作品，整合了古今思想体系，最终成其一家。而他在注释前贤、再造经典的过程中，为了实现其思想的内在一致性，对所注著作的进一步发挥与扭曲，以及根据自己的思想体系对经典进行重新选择与排序，又自然引发了同时代及后来人的交相争议。

然而，在从祀孔庙之前，朱熹的思想至多只能算是一家之言。在朱熹与其他学者的多场论战中，除了与湖湘派的论辩由于学派领袖张栻本人的改弦易帜而大获全胜外，其他都以互相不能说服对方，各持己见而告终。在有些争论中，朱熹还因势单力孤而处于下风。朱熹的理学能够上升为继承孔孟的正统，首先是因为理宗一朝的推崇，而到了元代，统治者进一步独尊理学，不仅在科举考试中以四书取士，而且所修《宋史》，更是将朱子列为中心，将吕祖谦等人挤出《道学传》。[1] 官方此举的效果自然会影响到民间，在商业出版重镇建阳，宋代所出的

---

[1] 田浩，2009，朱熹的思维世界，第310—313页，江苏人民出版社。

儒家著作中，既有理学派的文章，也有陆九渊的作品；到了元代，理学派则占据了绝对上风。[1] 在明代，朱棣继位之后，编定了《四书大全》、《五经大全》、《性理大全》，继续维持理学的崇高地位。在此之后，尽管仍有阳明心学、浙东学派、清代朴学等方面的发展和对程朱理学的批判，但科举却在国家制度层面上保障了理学的独尊地位。[2]

如果对中国和西方在有印刷术之后的思想变迁作比较，可以发现，东西方同样出现了思想解放的潮流。在西方，从宗教改革到科学革命，到17世纪的政治思想革命，到18世纪的启蒙运动，再到19世纪的浪漫主义和各种意识形态，近几百年的思想成果远胜于以往任何时代；而正如我们在前面所列举的，有宋一代的思想多元化也达到了空前的程度。不过，当理宗及后世皇权将程朱理学定为一宗之后，诸子之间的激烈争论也似乎告一段落。虽然后面又有对理学之反动与发展以及跳脱理学之尝试，但绝大多数学子仍以理学为正宗。一旦在国家层面将思想体系加以制度化，思想本身之固化便难以避免。在这个意义上，科举制度与印刷术相结合，确能帮助统治者禁锢思想、牢笼志士。其反例则是，晚清科举制度的废除，直接令得民国时期的思想界再次呈现出中国历史上少见的百花齐放态势。

[1] Lucille Chia, 2002, *Printing for Profit*, p.129, Harvard University Press.
[2] 沟口雄三指出，虽然四书在元代中叶之后被纳入科考，但人们在答题时仍可发挥自己的独创见解。这一点当然正确，但学子必须得先学习朱子的解释，之后才可"自由发挥"。参见沟口雄三，2014，中国思想史，第60—61页，生活·读书·新知三联书店。

五、结语

　　印刷术之于宋代文学和学术的影响，为许多学者所了解和认识，如有识者指出，造成唐代文学与宋代文学鲜明区别的一个重要原因便是，"唐代仍处于中国文学的写本时代，而宋代则开启了中国文学的刻本时代"[1]。只不过由于文献的相对欠缺，人们在谈到这个问题时，往往只能泛泛而论，难有较深入的探讨。[2]

　　如从源头来看，印刷术的最基本功能是保存知识。在宋以前，图书的佚失是极为普遍之事。[3]陈登原将古书散失原因列为四厄：当政者禁书，兵匪之乱，自然火灾，以及藏书家鲜克有终。[4]尽管中国很早便建立了官方的藏书机构秘书监，但由于战火与政权更替，或当政者主动禁书，绝大部分图书都已不存。以类书为例，最早编修的类书《皇览》、《寿光书苑》、《类苑》等早就失传；梁武帝所编《华林遍略》至宋初亦不存；北

---

[1] 朱迎平，2008，宋代刻书产业与文学，前言，第3页，上海古籍出版社。

[2] 包筠雅也指出，相对而言，西方图书史学者拥有更丰富的研究材料，如书单、价格清单、销售商与出版商之间的通信、账簿、书展目录等等。Cynthia J. Brokaw and Kai-wing Chow edited, 2005, *Printing and Book Culture in Late Imperial China*, p.20, University of California Press. 张高评的《印刷传媒与宋诗特色》一书对印刷术的兴起与宋代文学观念的变化作了较为深入的讨论。张著指出，宋人整理雕印前代诗文集，是与他们追求诗歌典范的历程相合拍。同时宋人的治学风格也与图书典籍之阅读与运用有关。这些都是极有创见的观点。不过张的着重点在于印刷术的兴起与诗分唐宋的关系，以及从信息论的"反馈"角度来讨论印刷传媒与文学之间的关系，似略嫌机械。见张高评，2008，印刷传媒与宋诗特色，里仁书局。

[3] 杜希德在《唐代官修史籍考》一书中，在引用书目中专门列出已经佚失的"参考文献"，达200种以上。见杜希德，2010，唐代官修史籍考，第239—247页，上海古籍出版社。

[4] 陈登原，2010，古今典籍聚散考，华东师范大学出版社。

齐所编的《修文殿御览》至南宋尚存，到明清便不可见；隋代的《长洲玉镜》至宋代不传，《编珠》现存两卷，只有余姚虞世南的《北堂书钞》得以完整保留；唐代官方所修类书甚多，但也只有《艺文类聚》和《初学记》两书尚存。而宋代官方所编纂的四大类书，由于乃印刻所成，都完整保存至今。[1]虽说自宋以后仍有大量典籍散失，如明代徐霞客旅行探索大地山川三十余年，所著《徐霞客游记》仍有大量散失，但较之印刷术尚未流行的前朝而言，则完全不可同日而语。

其次，科举制度造就了一个数量空前的士人阶层，在这个历史过程中，印刷媒体的作用除了普及教育之外，更直接扩大了文士的共同体。关于宋代一般士人的藏书规模只有零星的记录，如"仕宦稍显者，家必有书数千卷"[2]，如其所录准确，则当时确已形成了一个稳定的图书消费阶层。另一方面，作者的数量也有较大扩张。包弼德根据胡宗懋《金华经籍志》的统计指出，婺州在宋代有据可查的作者达150人，而在宋代之前，总共只有10人。[3]

更为重要的是，印刷术是文人阶层之间借以互动的媒介。由于印刷术的出现，信息的传播速度大大加快。在有印刷术之前，知识传承更多的是以不同代学者之间通过对经典的理解而实现，因此经典便成了不同代学者之间互相交流的"聚点"。所

---

[1] 参阅胡道静，2005，中国古代的类书，中华书局。

[2] 王明清，1961，挥麈录，前录，第10页，中华书局。

[3] 包弼德，2012，历史上的理学（修订版），第36—37页，浙江大学出版社。

谓注疏，便是通过对经典的解读和历代关于经典之解读的再整理，而实现知识的传承与扩张。印刷术之前的同代学者间当然也进行交流，但往往只能在小范围内或通过书信而实现，具有很强的非匿名性。

在印刷术产生之后，知识的传递不再只是通过学习经典而代代相沿，同代人之间也可形成共同的语言以至典故。内山精也以苏轼诗作中的"跳珠"一词为例，指出唐以前文学作品的用典在时间上通常以到上一代的故事为止。宋代文人的用典则更为宽泛。至于苏轼，则到了以自己的作品为典的地步，而这只有在其作品已为许多人熟识乃至追捧的情况下才可能发生。在同时代，苏轼正是能将作品通过印刷出版而迅速流传至海内外的第一人。[1] 在 12 世纪后半期，福建建阳便出版过至少 6 个不同版本的苏轼诗集。[2]

而到了朱熹时代，他已经能够利用印刷术，通过其编注工作，达到再造经典的效果。印刷术使得朱熹能够以不断修正的方式编撰经典，如在完成四书中的《孟子集注》之前，朱熹曾以不同书名编刻《论孟精义》，最后才取其精要，写成并自行刻印《论孟集注》。[3] 这种刊刻出版—同道交流—修订再版的学术与出版互动过程在朱熹的思想历程中体现得极为鲜明。在晚年，朱子的主要工作似乎便是接待问学的士子、修订文章，以及为

---

[1] 参阅内山精也，2013，传媒与真相，第 280—292 页，上海古籍出版社。

[2] Lucille Chia, 2002, *Printing for Profit*, p.13, Harvard University Press.

[3] 参阅束景南，2003，朱子大传，第 10 章，商务印书馆。

同道所出之书作序跋，且数量极大。显然，印刷术在促成宋代
学术共同体的形成中起到了极为重要的作用。

不过，正如贾晋珠所敏锐指出的，中国与西方文化精英在
看待商业出版上的一大差异是，在西方文艺复兴时期，许多人
文主义印刷商是当时一流思想家的好友，且本人便是知名学者；
而在中国，商业出版则被看成是较为低级的工作。自朱熹以后，
士大夫涉足出版者常见，但都以私刻为主，介入坊刻者极少。
而且，中国历史上的重要出版商，也很少留下本人及所经营事
业的相关记录。[1]

总体而言，印刷术对中国的影响似乎不像曾在西方发生的那
样具有爆炸性，并渗透到社会的各个层面。在西方，印刷术产生
之后，很快便从德国传到了意大利、法国、西班牙和英国。到 16
世纪初，欧洲每一个国家都有了本地的印刷所和印刷商，而且除
了大城市外，人口较多的小地方也会有一两个印刷所。[2] 更重要的
是，大约从 12 世纪起，西欧的图书供给量就开始迅猛增加。根
据范·赞登的统计，西欧 12 世纪的手稿数量为 70 余万册，13
世纪便增加到了 170 余万册，14 世纪是 270 余万册，15 世纪则
达到了 500 余万册。也就是说，在活字印刷术产生之前的 3 个世
纪，对图书的需要便在猛烈扩张当中。正因为需要走在了技术

---

[1] Lucille Chia, 2002, *Printing for Profit*, pp.9-10, Harvard University Press.
[2] 参阅埃尔顿编，2003，新编剑桥世界近代史，第 2 卷，第 12 章，中国社会科学出
版社。

的前面，活字印刷术才可能会产生如此巨大的社会效应。[1]

印刷术在中国首先主要用来印制佛经与历书，官方正式采用印刷术出版经典是百年之后了。这可能要归因于在唐末与五代十国，社会处于动乱时期，政府并无太多心思从事需要花费大量人力物力的文化工程，文化界对印刷读物的需求也不那么旺盛。而从宋代的文化实践来看，真正决定文化和科学是否持续向外发展和扩张的关键不在作为媒介的印刷术，而在于是否有容纳多元思想并存的社会环境，以及允许知识不断分化的政治经济制度。

---

[1] 参阅范·赞登，2015，通往工业革命的漫长道路，第3章，浙江大学出版社。

从士大夫走向四民
——明代的商业文学与商业出版

一、商业出版走向成熟

15世纪晚期以后的明代是中国商业出版的繁荣与成熟期。[1]
这表现于几个方面，首先是工艺的定型，以及印刷成本的大幅
下降，令得书籍更为低廉。自明代起，图书字体定型为宋体字，
装订方式也定型为线装。宋体字书写方便，容易雕刻，提高了
雕版的速度；方册线装既容易存放，也能节省材料，降低成本。
周绍明指出，由于字体的改良、刻字工作流程的模块化，导致
江南地区刊刻每百字的价格下降了90%。[2] 周生春等的研究也表
明，以页均书板价衡量，南宋的价格高于元代后期，元代后期

[1] 参阅周绍明，2009，书籍的社会史，第51—57页，北京大学出版社。
[2] 周绍明，2009，书籍的社会史，第28页，北京大学出版社。另根据缪咏禾所摘选的
    史料，刊刻每百字所需的成本则约在二分到四分银之间，见缪咏禾，2008，中国出
    版通史，明代卷，第281—282页，中国书籍出版社。

则高于明代。[1]

　　成本的下降自然会导致图书的平价化。目前已知的部分图书标价有，12 卷总计达千页的《春秋列国志传》，售价为纹银 1两。明万历刻《封神演义》，总计 20 卷，售价纹银 2 两。[2] 根据袁逸的估计，其时每卷书的定价在 1.2 钱到 2 钱之间，[3] 定价仍然不低。可相比之宋代，仍有相当幅度的降价。如宋嘉祐时期印《杜工部集》，极为畅销，书价在当时也属偏低，但 448 页的全书定价仍达 1000 文左右，约等于 1.4 两纹银。南宋时期印刷的《小畜集》，432 页，售价折合银 1.7 两。[4]

　　由于不同时代间的购买力很难比较，且数据量并不是很多，这些分析也存在相当的局限。但大体而言，在明代中晚期，一般图书已不再属于奢侈品行列。周启荣在对明代中晚期书价和当时的各类职业收入水平及货币购买力进行较为全面的比较分析之后，指出买一卷书所需的钱（0.2 两纹银）大概相当于买一张新椅子、一只鹅或一把折扇，不仅是商人和官员，就连普通城市工人也可以承受当时的书价。[5]

　　定价的下降自然体现为图书印量以及购书读书群体的扩大，

[1] 周生春、孔祥来，宋元图书的刻印、销售价与市场，载入周生春、何朝晖编，2012，"印刷与市场"国际学术研讨会论文集，第 63—66 页，浙江大学出版社。

[2] 孙楷第，2011，中国通俗小说书目，第 258、280 页，中华书局。

[3] 袁逸，明代书籍价格考，收入宋原放主编，2004，中国出版史料，古代部分，第二卷，第 522—524 页，山东教育出版社、湖北教育出版社。

[4] 周生春、孔祥来，宋元图书的刻印、销售价与市场，载入周生春、何朝晖编，2012，"印刷与市场"国际学术研讨会论文集，第 66—68 页，浙江大学出版社。

[5] Kai-Wing Chow, 2004, *Publishing, Culture, and Power in Early Modern China*, pp.47–56 Stanford University Press.

这一点似乎最直接地体现在知识阶层的藏书规模上。唐末便有藏书家留史，宋代官宦阶层也有藏书达数万卷者，大约就是数千种。[1] 不过相较之明清藏书家的收藏，差距仍颇大。明代有记载的江浙藏书家便达 800 余人，主要集中在苏州、杭州、常熟、湖州、绍兴、宁波等地，尽管比之清代仍有不如，却已远胜过以往之世。[2] 藏书的规模也要胜过前朝，著名的如天一阁藏书总数便在 7 万卷以上。江都葛涧藏书也达到 1 万部。[3] 这些藏书家的社会地位并不见得很高，许多不过是举人或中低级官员出身，却能在数十年间形成数万卷藏书的规模，可见当时的书价确实已经相当合宜了。

购买力增加而带来的另一效应则是，读者的阅读范畴也在不断扩大，除了基本的经史作品及日用工具书之外，也愿意更多地消费戏曲小说等文学性读物。常为人忽视的一点是，一般读者的购买力亦间接决定了作品的篇幅。如《三国演义》这样的长篇小说，因篇幅巨大，价格亦是不菲，它能够流行于坊间，本身便足以说明明代的文化消费能力比之前朝有了质的提升。另一能证明消费能力提升的现象则是插图及彩印本的出现，并被一般消费者所接受。

第二，一些文化士人介入出版工作，成为半职业或职业的出版家。最有名的要属毛晋，毛氏汲古阁的出版工作是"明代出

---

[1] 参阅张秀民，2006，中国印刷史（上），第 144—147 页，浙江古籍出版社。

[2] 参阅吴晗，1981，江浙藏书家史略，中华书局。

[3] 同上，第 205 页。

版史也是我国古代出版史上值得大书一笔的盛事"[1]。毛晋父母有一定文化和经济基础，再加上身处富裕且文化鼎盛的江南地区，本人则为秀才，师从名家，颇有学养。他的出版眼光极高，所出之书包括《十三经》、《十七史》、《津逮秘书》、《说文解字》等鸿篇巨著。刊刻这些作品难度极高，不仅需要访求各种珍稀底本，还要再加订正，这便要求刊刻者既有相当财力，又有足够的知识修养。刊刻《十三经》便花费了毛晋十三年的时间，耗费了对个人而言极为庞大的财力。

在毛晋之外，明代还有不少文人从事商业出版，他们多为科举不顺，在多年参加考试之余，亦参与出版维持家用。著名的如湖州闵齐伋为秀才，湖州凌濛初为副贡生，长洲冯梦龙也是晚年才得取岁贡。明代有数十万生员，得取进士者只是数千中挑一。如此庞大的文人阶层既形成了对文化商品的大量稳定需求，又从中产生了业余乃至职业化的文化产品提供商。

最后，从技术上看，明代的印刷出版也进入成熟期。这主要体现在书中的大量插图及套色彩印上。明代几乎所有类型的图书都有插图本，其中又以小说和戏曲最为广泛，几乎达到"无书不有"的程度。[2] 小说和戏曲的对象本为普罗大众，以这种图文并茂的形式体现，吸引更大多数的读者，是相当有效

---

[1] 缪咏禾，2008，中国出版通史，明代卷，第188页，中国书籍出版社。

[2] 同上，第288—293页。

的商业技巧。至于套色彩印及饾版，则是印刷技术上的重大突破。套色印刷起于元代，然当时的技术尚嫌初步，从留存的作品看，有可能是一版分色套印，而非套版印刷。[1] 到了明代，技术走向成熟，能够为读者呈现出鲜艳且逼真的图像。自此之后，直至近代引入西方印刷术之前，这些插图及彩印手法一直得到广泛应用。中国在之后的印刷出版史上似再无更重要的技术性突破。

有不少学者指出，采用活字印刷也是明代印刷术的一大进步。元代王祯的《农书》是最早以木活字成书的作品。据王祯自述，采用活字是因为"板木工匠所费甚多，至有一书字板，功力不及，数载难成"，换言之，活字印刷的效率更高。所以撰《农书》后，由于字数太多，难以刊印，便创活字印刷，这花了他两年时间。[2] 在明代，有书名可考的木活字本有 100 余种，数量并不多，但论者往往仍给予极高评价。如李伯重教授便认为，明清江南印刷业最重要的技术进步便是活字印刷。[3]

之所以有这样高的评价，恐怕主要是因为活字印刷术在西方乃关键性的技术突破，并将此类推到中国。然而中西在这方面有很大区别。西方印刷术兴起的关键不在于活字，而在于机

---

[1] 参阅李致忠，2008，中国出版通史，宋代西夏金元卷，第 474—477 页，中国书籍出版社。但这点实际上还有猜测成分，尚未有定论。陈正宏先生指出晚清时期越南出版的《钦定越史通鉴纲目》是明确的单版双色印刷，是罕见的实物证据。参阅陈正宏，2014，东亚汉籍版本学初探，第 107—124 页，中西书局。

[2] 王祯，造活字印刷法，见宋原放主编，2004，中国出版史料，古代部分，第二卷，第 3—7 页，山东教育出版社、湖北教育出版社。

[3] 李伯重，2001，明清江南的出版印刷业，中国经济史研究，2001 年第 3 期。

器（尽管一开始只是手工操作，相当简陋）。以机器进行印刷，代替当时极为昂贵的人力，是印刷术能够迅速风行欧洲，产生革命性影响的核心所在。而中国的活字印刷术并不采用机器，故实在很难说是重大的技术进步。

如对传统的活字印刷和雕版印刷进行比较，雕版印刷的优势包括版式灵活、生产方便、投资相对较小等，简而言之，书商所承担的风险较小。[1] 由于明代书商的规模通常都相当小，是作坊式生意，因此雕版印刷相当切合于这种经营方式。

毛晋汲古阁是明代大规模出版的一个典型，据估计雇工应该在一百名以上[2]，但毛晋并非一般意义上的书商，他的经营活动带有非营利的特征。而且毛晋家族相当富裕，既有当铺，又有数千亩良田，他变卖家产，投入到出版事业之中，才能维持汲古阁的运营。即使这样，汲古阁也没能做到家族持续经营，在毛晋死后，便走向衰落。相对而言，能做到几代经营的建阳书商规模普遍较小，出版书的种类也很少。毛晋汲古阁在40余年间出版了超过600种图书，而建阳几大书商在明代的出版总量都不超过80种。以此推断，建阳书商的雇工规模应该远远小于汲古阁，可能一家不过雇工数人而已。[3]

活字印刷术在中国历史上更多的是一种备择的替代方案，

[1] Kai-Wing Chow, 2004, *Publishing, Culture, and Power in Early Modern China,* pp.59–71 Stanford University Press.

[2] 这个数字包括了毛晋所聘用的校订书稿的学者，如不计算在内，雇工数则不足百人。

[3] 参阅，Lucille Chia, 2002, *Printing for Profit*, pp.187–188, Harvard University Press。

且往往背后有政府的资助。在明代建阳所出版的 1600 多种图书中，只有 10 种为活字印刷。[1] 在一般图书的印刷上，活字印刷术的成本显然要高过雕版印刷，这也是它不能流行广泛的主要原因。[2]

二、从《三国演义》看商业文学的兴起

元代出现了一系列重要的白话文学形式，典型的如元杂剧、南戏、平话等。尽管这些作品仍留存至今的只有极少一部分，但却在题材和形式上对后世通俗文学留下了颇深的影响。

就章回小说这一体裁而言，罗贯中的《三国志通俗演义》是首开风气的一种。三国演义自正史衍生而来，从唐开始便有说话故事流传，元代则有《三国志平话》留世。罗贯中改编写定《三国志通俗演义》，在成书百年之后的弘治七年（1494年），由金华蒋大器作加工改编后，仍以抄本形式流传。而最早的刻本则要到嘉靖元年（1522年）才问世。康熙年间，毛纶、毛宗岗父子再作加工，定型了 120 回本的《三国演义》。

---

[1] Lucille Chia, 2002, *Printing for Profit*, p.202, Harvard University Press，不过周启荣认为，所谓只有官方才拥有足够的资源来承担活字印刷的看法是不正确的。但如考虑到实际情况，雕版印刷仍然占据了绝对的主流。参阅 Kai-Wing Chow, 2004, *Publishing, Culture, and Power in Early Modern China*, p.71 Stanford University Press，另张秀民指出，从事活字印刷的大部分人士都是富豪，不以营利为目的。张秀民，2006，中国印刷史（下），第 629—632 页，浙江古籍出版社。

[2] 关于活字印刷的成本及其不能流行的原因，另可参阅周绍明，2009，书籍的社会史，第 2 章，北京大学出版社。

作为"成书于明以后的所有中国近世小说中流传最广的一种"[1],《三国演义》的形成史也是所有长篇章回小说中最为漫长的。这其中,包括《三国志通俗演义》的版本变化,以及围绕着《三国志通俗演义》的出版竞争,都有许多值得探讨之处,我们也能从中一窥明代出版与文化之间的错综关系。

中国的章回小说作者多数不以名显,我们今天对其生平往往只有一鳞半爪的认识,许多连真名实姓都无法确认。罗贯中便是这样一个例子。目前最为明确的资料便是贾仲明在《录鬼簿续编》中的一段描述,但其透露的信息少得可怜,事实上也无法证明贾仲明所指的罗贯中便是写作《三国志通俗演义》的罗贯中。除《三国志通俗演义》外,署名罗贯中的尚存小说还有《隋唐两朝志传》和《残唐五代史演义传》,但后两者的文笔与前者有一定差异,未必为同一作者,可能是其他人托名所写。国内众多学者对于罗贯中的生平籍贯作了各种分析与探讨,但由于资料的欠缺,基本上都只是猜测和设想,并无太多实质结果。

郑振铎认为罗贯中作为汉人,在元朝必不得志,故将才力用于戏曲、小说之上,"一方面,也许竟带有几分解决生活问题的性质"。[2]这当然是一种合理的猜想,但亦有可质疑之处。如罗贯中为洪武时期(1368—1398年)人,因此《三国志通俗演

---

[1] 金文京,2010,三国演义的世界,第175页,商务印书馆。

[2] 参阅郑振铎,2005,插图本中国文学史,第802—803页,上海人民出版社。

义》应最晚于 15 世纪初便写定。可书稿完成以后，却以抄本形式流传了 100 余年，要到 16 世纪才有刻印本。如罗贯中写书是为解决生活问题，那么他究竟是如何从抄本中获取收入？

就流传形式而言，目前所发现的最早刻印本应成于嘉靖元年（1522 年），而该书所收录的蒋大器序言中又明确指出，书成后，读者"争相誊录，以便观览"。故郑振铎认为以前的流传形式应是写本，而该嘉靖本便是最早的《三国演义》刻本，也是后来各版本的始祖。

这一假设的最大疑问在于，罗贯中写成此书后，没有不付印出版的道理。罗贯中编写《三国志通俗演义》的目的可能便是借出版以谋生，书成后，为何会以抄本形式流传？即使年代更早的元杂剧、南戏与平话中，也有刻印本传世，如元至治年间（1321—1323 年）刊行的《全相平话五种》。可见出版这类通俗文学作品在当时已有前例，并无技术或资金上的难度。那又有何理由不加出版，却以抄本传播。

对此有两个常见的解释，一是明初政治审查较为严格，人们不敢广为传播。在中国历史上，官方对出版的内容审查具有普遍性，但其审查尺度松紧则是随着外部环境的不同而变化。大致而言，国泰民安、社会平和之时，审查尺度相对宽松，如明中晚期，几乎什么类型的书都可以出。而当外乱不止，又或者宫廷内斗、权力不稳的时候，审查尺度便要严格得多。如北宋仁宗时期，面临辽和西夏的南侵，边境紧张。公元 1040 年下诏要求开封府密切捉拿贩卖边机文字的书商。哲宗时期又拟定了对出版的管理原则，要求"凡议时政得失，边事军机文字，不得写录传布；本朝会要、实录，不得雕印，违者徒二年，告者赏缗钱十万"。北宋末年的徽宗时期，及南宋宁宗时期，也由于相似的原因出台了较为严格的出版规定。[1] 至于明初相对严格的出版管理，也是由于政权初立，尚不稳定，故对影射文字偶有惩罚。[2]

在西方历史上，各国的审查情况不一。以英国为例，书籍历史上是由主教和相关的官员来检查，1695 年的终止特许法案，"不仅结束了检查制度，也结束了透过书商公司而对印刷业的控制"[3]。从此以后，英国人想出什么书就出什么书，不受任何检查。而法国图书检查制度则持续了更长的一段时间。

第二个解释则是明初经济凋敝，私人刊印书坊数量极少，即使想要印行出版也难觅途径。卜正民便认为，在明朝前期，出版业的发展相当缓慢，知识并不都能"转化为书籍的形式，还有许多知识仅是一方一地之学"。[4]

如要对两个解释作比较，似乎后一个原因即经济因素更为有力一些。明代的出版审查远远没有前朝严格，很难想像这些作品无法出版的主要原因是担心会惹祸上身。不管如何，在元

---

[1] 参阅李致忠，2008，中国出版通史，宋辽西夏金元卷，第171—180 页，中国书籍出版社。
[2] 参阅缪咏禾，2008，中国出版通史，明代卷，第18—22 页，中国书籍出版社。
[3] 彼得·伯克，2003，知识社会史，第233 页，麦田出版社。
[4] 参阅卜正民，2004，纵乐的困惑，第59—63 页，生活·读书·新知三联书店。

末明初的一百余年，是章回小说的蛰伏期。[1]

不过如前文曾经指出的，在中国历史上，抄本与印本向来并行不悖。不少作品确有印本流传，但由于在当时购买印本图书并非是一件唾手可得之事，许多爱书者仍以手抄的形式获得图书。因此，即使蒋大器所言为实，也并不能证明嘉靖本便是最早的《三国志通俗演义》印刷本。浦安迪认为，《三国演义》与《水浒传》在从14世纪成书，到16世纪的嘉靖本印行之间，已经有过一种或数种的更早版本。[2]金文京通过分析建安本与嘉靖本，指出建安本之所以在有些地方比起嘉靖本来更符合史实，原因就在于它是源自于另一个独立的版本。[3]中川谕的进一步分析则表明，罗贯中《三国志演义》成书后，形成了多种抄本，其中一种刻印成为嘉靖本，另一种则演变成了周曰校本、《李卓吾先生批评三国志》等版本。[4]

然而无可讳言的是，《三国演义》与《水浒传》都要到嘉靖之后，才开始有广泛的印刷本流传，成为"四大奇书"之二。其中的关键不在图书供给者，而在于从社会环境、文化风气、购买能力等各方面来看，随着商业的繁荣、城市的兴起，以及文人阶层数量的不断扩大，自明中叶以后，渐渐开启了阅读这类长篇章回小说的消费热潮。

---

[1] 参阅司马涛，2012，中国皇朝末期的长篇小说，第26—27页，华东师范大学出版社。

[2] 参阅浦安迪，2006，明代小说四大奇书，第4、5章，生活·读书·新知三联书店。

[3] 金文京，《三国演义》版本试探（续完），明清小说研究，1992年Z1期。

[4] 中川谕，2010，《三国志演义》版本研究，第362—366页，上海古籍出版社。

如巫仁恕所指出的，由于明中期以后在"经济、社会和思想文化等方面的变迁"，一个消费社会逐渐形成了。[1] 尽管巫仁恕在书中所关注的是明代消费文化与士大夫的关系，但他对士大夫的定义颇为宽泛，包括了官职人员和未入仕但有功名身份者，我们似乎可以更简单地理解为当时的整个文人阶层，这应当也是彼时图书消费的主力阶层。

伴随着文化消费崛起而来的，是文化生产的大爆炸。明代中晚期的文化繁荣和创造力是全方位的，绘画、园林建筑、戏曲、文学等等，都为后世留下了丰富的遗产。这里当然也要包括图书出版以及作为其中重要部分的章回小说。

从现存的明代图书刊本和小说来看，16 世纪是一个分水岭，在此之后，商业类图书的出版数量便有了飞跃性的增长。根据贾晋珠的统计，在明代建阳书商所出版的图书中，只有 11% 是印自 1505 年之前。[2] 而这也正与《三国志通俗演义》的出版轨迹相一致。大木康在分析了日本现存的宋元明文集目录后也指出，"嘉靖以后刻印的书籍占大多数，且嘉靖以后的文集里，作者生前的刊刻正在增加"。[3]

章回小说是典型的消费性图书，尽管从文字和内容看，其中的佼佼者如《三国演义》和《水浒传》可谓雅俗共赏，且寓世道人心于说古论今之中，也有道德教化的功能。但总体而言，

---

[1]　巫仁恕，2008，品味奢华，第 290 页，中华书局。

[2]　Lucille Chia, 2002, *Printing for Profit*, p.182, Harvard University Press.

[3]　大木康，2014，明末江南的出版文化，第 14 页，上海古籍出版社。

章回小说的娱乐性显然是排在第一位的，虽然我们不能就此推断出，它的主要读者便是普通民众。[1]

在明中晚期这段中国小说的又一个黄金时代，书商除了发掘出百余年前便著成的《三国演义》与《水浒传》，再加以修订并广泛传播之外，编撰出版的其他小说更多达百种以上。出版的小说类型也非常广泛，包括了历史小说（《大宋中兴英烈传》、《唐书志传通俗演义》、《杨家将》、《新列国志》）、神话小说（《三宝太监西洋记通俗演义》、《封神演义》），以及从《金瓶梅》到《灯草和尚》的情欲小说。[2] 可以认为，《三国志通俗演义》之所以在成书后百余年方流行于坊间，实在是由于整体社会环境的变化。[3]

比起《三国志通俗演义》的源流来，更为有趣的问题是它在得到流行之后是如何不断扩展传播的。从嘉靖本《三国志通俗演义》刊印到清初毛氏父子的通行本最终成型，经历了一百多年的时间，留存下了大同小异的各类版本。自郑振铎起，几代学者在这方面的研究已经有了相当深入的进展。

---

[1] 吕立亭指出，根据明代白话小说的定价、印刷特征、印量等来分析，它的主要读者应是精英士大夫。（参见，孙康宜，宇文所安编，2013，剑桥中国文学史（下卷），第二章，生活·读书·新知三联书店）这也是沿袭了浦安迪的看法，但实际上这里精英士大夫的概念也应该接近于前述巫仁恕所定义的广义上的文人阶层。这个阶层尽管占总人口比例很低，但如从绝对数量来分析，也已相当庞大。

[2] 参阅司马涛，2012，中国皇朝末期的长篇小说，第2—4章，华东师范大学出版社。

[3] 另一个例子是日用类书，明代前期所刊行的类书多为南宋以及元代刻本的翻刻本，而在万历之后，则刊行出许多新编的综合性日用类书。在形式上，后刊行的类书更为通俗和普遍，也更为日常化，显见出新一代对市场有敏锐判断的书商的崛起，以及整体社会环境的变化。参阅，吴蕙芳，2001，万宝全书：明清时期的民间生活实录，第1章，台湾花木兰文化出版社。

　　魏安在《三国演义版本考》中对版本问题作了较全面的考察，分析整理了 35 种不同的版本，将之分为 A、B、C、D 四个分支，再综合为 AB 和 CD 两个系统。中川谕结合已有的研究，作了更进一步的分析，他认为现存《三国志演义》可分为 3 类共 32 种版本，包括 24 卷本 12 种、20 卷繁本 8 种，以及 20 卷简本 12 种。[1] 根据中川谕的分析，流行的毛宗岗本与嘉靖本源于同一个《三国志通俗演义》抄本，而 20 卷简本与 20 卷繁本则共同源自另一个未知的独立版本。

　　《三国演义》的版本分析并非我们关注的重心，不过版本的复杂性又确实向我们透露出，在《三国演义》的出版史上，书商是如何通过修订文本，迎合不同读者的需求。

　　由于中国直至近代都未形成全国统一的知识产权保护制度，因此其文本的生产方式也与当代社会有相当大的差异。从《三国演义》等的文本沿革史来看，人们更喜欢对同一个文本进行不断修改加工，以适应不同的读者群。

　　在明代《三国志通俗演义》出版历程中，逐渐演化出南京等地的江南本和福建本作为两个风格各异、特色鲜明的系列。魏安认为，"明本《三国演义》有两个不同的倾向：CD 系统趋于通俗化，其版本都是闽本，读者多来自小市民阶层；AB 系统趋于历史化、学术化，其版本要么是官本要么是江南本，读

---

[1] 中川谕，2010，《三国志演义》版本研究，第 15—24 页，上海古籍出版社。

者多来自士大夫阶层"。[1] 用金文京的话说,"如果说嘉靖本是《三国演义》向'实'的方向发展的代表,那么向'虚'的方向发展的代表就是建安诸本了"。[2] 如果借用中川谕的分类系统,江南本基本上属于 24 卷本,福建本则为 20 卷繁本和简本。

江南从宋代以来便是中国的出版中心之一,在明代时,南京占据了江南出版的中心地位,杭州、苏州等地则次之。福建建阳的出版生意同样起自宋代,持续了 6 个世纪,在明代走到高峰,成为与南京同等重要的出版中心[3],直到明末清初才走向衰落。

从品质上看,建阳的书商为求降低成本,从装帧水准(如极少采用书函[4])和纸张,再到编校,所出图书在品质方面往往存在较多问题。相对而言,建阳的书价也最为便宜,所谓"凡刻,闽中十不当越中七,越中七不当吴中五,吴中五不当燕中三,燕中三不当内府一"。建阳书商出于牟利的需要,发展出了上图下文、伪托名人作序(这种手法在今天的图书出版业仍屡见不鲜)等通俗路线,故常为文人所诟病,但从市场占有率来看,在当时却高于江南本。

[1] 魏安,1996,三国演义版本考,第 131 页,上海古籍出版社。
[2] 金文京,《三国演义》版本试探(续完),明清小说研究,1992 年 Z1 期。
[3] 如单纯从出版的数量看,建阳还高过南京一等。关于明时期南京和建阳的图书出版总数及分类,可参阅,Cynthia J. Brokaw and Kai-wing Chow edited, 2005, *Printing and Book Culture in Late Imperial China*, pp.128—130, University of California Press。
[4] Kai-Wing Chow, 2004, *Publishing, Culture, and Power in Early Modern China,* p.75 Stanford University Press.

如前所述，建阳几大书商在明代的出版总量都不超过 80
种。他们所选择的都是较为畅销的商业类图书和经典，一旦编
辑出版后，接下来的工作便是修订和不断再版。从商业上看，
这当然是非常有效的经营策略。

建阳的图书出版均为家族经营，几代经营，其中以余氏、刘
氏、熊氏最为知名，不同家族之间的关系也极为紧密，又互相通
婚[1]，可见这是一个既竞争又合作的集群式地区商业发展模式。

此外，福建与江南的图书业之间也存在竞争与合作的关系。
闽北的许多出版家族都移居到了江南地区，尤其是南京。建阳
书商也有同时在南京开业做生意的。[2]福建书商翻刻或吸收江
南本图书也是颇为常见之事，除了余象斗刊《三国志通俗演义》
与江南本关系密切外，周曰校本《三国演义》出版之后，马上
便出现了内容相同的建阳吴观明刊本。建阳书林熊云滨也翻刻
了南京世德堂的《西游记》。

贾晋珠甚至认为，在晚明时期，整个南方的图书贸易已经
是一个统一的市场，将苏州、杭州、南京，以及建阳整合在了
一起。[3]周亮工在《书影》中便指出，"即今童子所习经书，亦尚
是彼地（即建阳）本子，其中错讹颇多"，似可作为佐证。周启
荣还引用了《儒林外史》中的段落，表明彼时杭州书商所出之

[1] Lucille Chia, 2002, *Printing for Profit*, p.156, Harvard University Press.
[2] 张秀民，2006，中国印刷史（上），第 270 页，浙江古籍出版社。
[3] Lucille Chia, 2002, *Printing for Profit*, p.150, Harvard University Press.

书已经远销到山东和河南。[1]但这种市场整合的深度在明清时期到底如何，似还值得进一步研究与分析。

在文本之外，建阳书商在刊行过程中，也注意通过配图来扩大市场，增加销量。实际上，比起文本质量的提升，建阳书商可能更关心插图上的改良。如在余象斗本《三国演义》（1592年）中，其插图与元代建阳及同时代其他地区（如北京）所刊行的同类作品区别不大。而在后来建阳所出版的几种《三国演义》中，其图片呈现出了更为独特的风格。[2]根据贾晋珠的研究，建阳的插图风格并不是地区性的，而是带有明显的个人化和流派化风格。这说明建阳书商通常并不长期雇用特定的插图画家，而是根据图书的出版需要加以聘用，故同一书商所出之书会呈现出不同的插图风格。且不同的建阳书商还会在同类书中采用相同的插图，以节约成本。

作为明代商业出版的重镇，建阳书商的实践从一开始便是面向普通城市市民的，而且由于福建本地的图书消费有限，因此它也是跨越地区的商业操作。通过走廉价化和平民化的道路，建阳图书形成了与江南图书有一定差异的市场定位，可见在当时，不同地区间的市场整合也进入了一个新的层次。

那么，我们是否可以像魏安所指出的那样，认为《三国演义》的江南本是一个有意面向士大夫的版本，而建阳本则是为

[1] Kai-Wing Chow, 2004, *Publishing, Culture, and Power in Early Modern China*, p.78 Stanford University Press.

[2] Lucille Chia, 2002, *Printing for Profit*, pp.211—213, Harvard University Press.

中低阶层读者服务的，甚至进一步推论认为，在明代的江南存在一个专供精英士大夫阶层的商业文学出版市场？

答案是恐怕不能。从明代《三国演义》的江南本和建阳本的区别来看，确实存在语言和风格上的一定差异，包括建阳本增加了历史上不存在的"花关索"故事等，但总体而言，增加的部分其实相当有限。南京也确实刊行了专以官僚士大夫为对象的《三国演义》，如张尚德本，可这类版本的比例极低，并未形成一个独立的出版市场。严格来说，只有像毛晋汲古阁这类非营利私刻机构所刊行的作品可说是以士大夫为主要读者群的。从商业出版看，并无证据表明江南本的主要读者便是精英士大夫阶层。江南作为文化中心，其读者的层次当然更高，也确实不满于建阳本的粗制滥造，但他们同样会购买建阳出版的教材和其他读物。

从明代建阳和南京所出版的图书类型中也可发现，南京所出图书最多的是集部类，其中又以词曲类最为突出（181 种），而建阳所出图书比例最高的则是子部，特别是医书（244 种）和类书（231 种）。[1] 这反映出，江南所出图书侧重于为有闲阶层服务，而建阳版图书更走实用路线。或许可以认为，江南本所面向的是有一定教育和文化背景的文人阶层（以生员为主力），而福建本则更面向教育层次较低的普通家庭（能够识字但未受系

[1] Cynthia J. Brokaw and Kai-wing Chow edited, 2005, *Printing and Book Culture in Late Imperial China*, p. 130, University of California Press.

统的经典教育，因而对图书品质要求不高的工、商甚至农家），但这两者之间的界限远不是清晰可辨的。[1]

随着市场的分化，坊间尝试以不同形式出版同一文本，以满足不同读者的需求。诸如繁本、简本、绘本、全相本，以及各种评注本，均是针对不同层次的读者群而发，但从总体而言，专供士大夫阶层阅读的商业图书比例也相当有限。

三、通俗文化的再造："经典化"还是"流行化"

《三国演义》到底是一本通俗小说还是严肃的文人作品，这似乎仍是一个有待探讨的问题。与传统中国学者的看法相左，浦安迪认为，罗贯中的《三国志通俗演义》并非是单纯的通俗小说，而是"修改各种素材而成的一部常带有反讽意味的严肃作品"，可归类于"文人小说"。[2]浦安迪向我们揭示出，《三国演义》从一开始的创作到后来几代人的编辑、评点，都不自觉地将精英文化观点融入其中，它绝不是现代意义上反精英的流行文化。

但正由于《三国演义》的成形经历了几代人超过百年的编辑、修改，不同人对作品进行修改的意图也各不相同。浦安迪从文学分析的角度来看，认为所有《三国演义》的版本都代表

---

[1] 贾晋珠认为，当时南京应该也出版了大量的低水平读物，只是商家不愿挂名为南京出品，因此今天已经无从辨别了，这当然也是非常合理的推论。同上，pp.140—142。

[2] 参阅浦安迪，2006，明代小说四大奇书，第5章，生活·读书·新知三联书店。

了同一种版本，并没有什么太大的区别。但从社会接受的角度来看，从李卓吾评本到毛评本，其中所作的修改虽然相当琐碎乃至微小，却是非常重要的。因为对于明代精英士大夫来说，评价作品高低的标准正在于这些细处。细节是否合理、情节描写是否妥当、前后是否一致、人物刻画是否精准，恰恰是文人所最在意的。版本的不断修改表明了，《三国演义》至少在一开始并不为精英士大夫所好。

根据魏安的研究，在《三国演义》的早期流传史中，大多数都是较为通俗的闽本。魏安分析了当时征引《三国演义》的其他文学作品，如《隋唐两朝志传》、《残唐五代史演义传》、《连环记》、《玉玺传》，发现它们在《三国演义》有相同情节的地方，都更接近于闽本。[1] 这一事实提醒我们，虽然作者和编者在写作及修订《三国演义》这类作品的时候，或许是带着极为严肃的创作态度，可从市场反应来看，首先热切拥抱它们的却是地位中下的文人阶层，而非中上精英阶层。大木康对明代白话小说的研究也表明，其读者应该是"以生员为中心的应举士子及生员以上阶层的人士"。[2]

关于章回小说在明清时期的社会流传范围之广，相关记载并不少，如明代胡应麟在《少室山房笔丛》中这样说，"今世人耽嗜《水浒传》，至缙绅文士亦间有好之者"，明确指出《水浒

[1] 参阅魏安，1996，三国演义版本考，第131—137页，上海古籍出版社。
[2] 大木康，关于明末白话小说的作者和读者，明清小说研究，1988年第2期，第208页。

传》的主要读者便是普通百姓或中下文人阶层。胡应麟是中国历史上少有的小说史家，其观点应有相当的可信度。清王侃也说，"《三国演义》可以通之妇孺，今天下无不知有关忠义者，演义之功也"。

浦安迪认为包括《三国志演义》在内的明代四大白话小说都是严肃意义上的文人作品。如从作者的写作态度出发，这个观点当然可能是正确的，但如果从主力读者（也就是文人阶层）的角度出发，这类作品在一开始仍然是被归为不入大雅之堂的消遣作品。直到今天，小说在中国的地位仍远远低于它在西方所享有的位置。

从《三国演义》的版本沿革来看，这当中有一个去粗取精的过程。原先只被当作流行读物，且内容确实存在颇多缺失的《三国志通俗演义》，渐渐地脱胎换骨，变为士大夫与贩夫走卒都可捧读的"雅俗共赏"之作。

在这个过程中，明末的 120 回李卓吾评本是一个较为重要的关节。根据目前的研究，李卓吾评本包括吴观明本、宝翰楼本、绿荫堂本、藜光楼本等。因"评注中存在着与李卓吾不同的见解"，故这些都是假托李卓吾之名的评注本，其刊行年代应在万历三十年（1602 年）之后。李卓吾一生抨击道学、非孔反儒，又高度评价当时社会地位较低的戏曲小说，且还为《水浒传》做过评注，故托他之名，以提升《三国演义》的地位，也属情理之中。

虽然这个评本与李卓吾并无实际关系，但它确实代表了提升《三国演义》的一个重要步骤。李卓吾评本第一次将《三国演义》合并为 120 回，并对全书作了系统而独到的批评，使《三国演义》的地位上升了一个层次[1]，自此以后，《三国演义》的不同版本便开始有了合流的迹象。李卓吾评本是后续包括毛评本在内的许多版本的底本，是一个具有承上启下地位的版本。

《三国演义》出版史上最为重要的当然是毛氏父子所评点的毛本。一般认为，毛评本是在李卓吾评本的基础上（而非他们自己所称的古本），再作修订。不过毛评本对《三国演义》的修改是全方位的。根据毛宗岗在《凡例》中所述，这些修订大致可分为几个方面，一是修改书中纪事谬误之处，令其更符史实，二是订正了叙事中的前后不一致，三是增加了经典的"古文"，"以备好古者之览观"，四是通过修改突出"尊刘抑曹"的主旨，五则是删改过多的诗词论赞、整顿回目，以求得全书结构的完整性。尤其是增加了脍炙人口的那篇"滚滚长江东逝水"开篇词，总领全书，实有画龙点睛的效果。[2] 经过毛氏父子的增删之后，《三国演义》在品位和整体性上有了一个飞跃。

上田望指出，毛评本盛行的一个主要原因是，在改编过程中，他们极为注重儒家正统道德色彩，契合时代的思潮。另一方面，"毛氏父子给毛宗岗本里摘录了许多著名诗文，简直是古文古诗的精华集。"[3] 既符合道德教化，又有教育蒙学的功能，

[1] 沈伯峻，论《李卓吾先生批评三国志》，内江师范学院学报，1993 年第 3 期。
[2] 关于修改的细节，可参阅何晓苇，2013，毛本《三国演义》研究，第 3 章，巴蜀书社。
[3] 上田望，《三国志演义》毛评本的传播，文学遗产，2000 年第 4 期。

毛评本能够在后三百年成为最流行的畅销书，自然有它的道理。

魏安则认为，"毛评本之所以成为通行本可能与清朝刻书业中心转移有关，尤其是闽本的衰落、粤本的昌盛"。明末清初建阳书业衰落，而粤本（广州、佛山）取而代之，成为"价最廉、发行量最大的刊本，因为粤本都是毛评本，所以毛评本在清朝便成为通行本《三国演义》"。[1]这个看法似乎有倒果为因的嫌疑，毛评本首先是在苏州和南京刻印，后来才逐渐在广东出版发行。与其说是毛评本借着粤本而流行，不如说是粤本选择了最为流行的毛本出版。

这样的"经典化"过程在西方文学史上先例颇多。在莎士比亚时代，剧本尚未成为一种文学体裁，包括莎士比亚的剧本，其地位都相当低下。后代的出版者不断对莎士比亚剧本进行修订，包括"拼写、语法、字母大小和斜体，统一人物姓名等"，使之与时俱进。而且至少在17世纪后半期，莎士比亚仍然"不是后世所热爱的那个超越时空的艺术家，更不是后世顶礼膜拜的那个莎士比亚"。在18世纪，他的作品仍被不断改编。蒲柏于1725年编辑出版莎士比亚作品集，也曾改写诗句，调整"可疑"的段落。经过一个漫长的过程，莎士比亚作品才慢慢上升成为"英国人的世俗圣经"。[2]实际上，朱生豪在将莎士比亚作品翻译成中文的过程中，也做了相当程度的"反低俗"工作，

[1] 魏安，1996，三国演义版本考，第136—137页，上海古籍出版社。
[2] 参阅戴维·斯科特·卡斯顿，2012，莎士比亚与书，商务印书馆。

并成为今天中国人所理解的莎士比亚作品的一部分。

从《三国演义》的沿革过程中，我们可以看到，一方面，商业的力量促进了通俗作品的创作与传播。另一方面，图书的传播者也有改造这类作品，使之"雅俗共赏"的意愿。这种改造并非是精英阶层的主动出击，更多的是书商希望提升作品的层次，以获得精英阶层的认可，从而使作品得到更大的"正当性"。

然而即使像《三国志通俗演义》那样经历了数次升级改造的作品，在中国正统文史作者的眼中，仍与经典有相当的距离，而未像莎士比亚在英国那样，逐渐演变成为经典。晚清王国维对《三国演义》评价颇高，但还是认为它"无纯文学之资格"。

商业畅销作品的存在，是崭新的现象，正统士人即使看不惯，也无法否认它的存在。就中国的实践而言，明清的商业文学作品确实为市民所钟爱，流传甚广，然而不论从作者自身的期许、书商的定位，还是读者的接受程度来看，它的地位仍然相当低下，也从未动摇人们对文学正统的定义。

在传统上，不论中外，"经典文学"都具有维持社会等级制度的政治作用，是所谓"经国之大业，不朽之盛事"。文学一道，是与国运盛衰相关联的，是社会制度的一部分，亦关系权力与秩序。商业畅销作品的兴起，固然会在一定程度上冲击关于经典的传统观点，但如无整体社会结构的变化，"经典"的把持者仍可对此视而不见。

在西方历史上存在的是贵族文化与平民文化的对立，而两者都是非商业化的。在 18 世纪中叶之后，才逐渐形成商业化的精英文化与通俗文化之区隔。精英文化带有明确的道德原则，而通俗文化则以娱乐消遣为第一目的。[1]

中国的情况当然有很大不同，并无如西方那样泾渭分明的贵族与平民差异。经典的确立无非是两个途径，政治统治者的树立，或者士大夫精英的认可及推崇，由于两者之间的关系错综，常常又合为一体，倒也很难进行完全的区分。

统治者最为着力的是经与史，自宋代以来，科举确立了四书五经不可动摇的地位，官修正史则是辩明正邪、维系国运的另一条支柱。相对而言，对文学的控制在制度面上当然也有，如八股和应制诗之类的文体引入，但总体来说较为孱弱，也因此，中国文学所呈现出的面貌更为多元和复杂。

中国文学"体制繁多，界律精严"，是一个由士大夫精英所把持的严格体系。体系内部当然也有派系、竞争与演化，但相较于商业的流行潮流，其变化速率是相当缓慢的，且往往在不同时代之间穿梭或螺旋式循环。如明代影响颇大的复古派诗学，旨在抗衡主张"性""理"的理学诗人，而要回复唐诗对"情"与"兴象"的重视。[2] 然而这些都是体系的内部之争，并未跳脱出前人所构建的框架。

---

[1] 西蒙·杜林，高雅文化对低俗文化：从文化研究的视角进行的讨论，收于童庆炳、陶东风主编，2007，文学经典的建构、解构和重构，第157—175页，北京大学出版社。

[2] 陈国球，2007，明代复古派唐诗论研究，导论，北京大学出版社。

即使到了明代，刊刻文章已经相当常见，但从文坛正统的角度来看，刻印流通与"传世"仍并非一回事。"传世"便是进入了文学正道，而流通不过是一种商业行为而已。当然我们也可从反面论证说，当时的图书出版已经是极为常见之事，故此才需要通过选裁来维持文学正统。[1]

作为维持正统的标志，清代编辑《四库全书》时，既未收录各种日用类书，也未放进明代如此众多的白话小说。《四库全书》总纂官纪晓岚并非是一个食古不化的腐儒，从他所写的《阅微草堂笔记》来看，其实颇爱好于志怪传奇。这突显出纪晓岚在作为官方代表构建知识体系，和作为个人爱好收集民间传奇故事之间，存在的巨大落差，同时也反映出文学作为社会制度的权力一面。不管商业文学如何流行，如无知识体系的维新与革命，是无法登堂入室的。

而另一方面，商业出版的兴起，也确实对既有的知识体系产生了挑战。明代的日用类书在商业实践中越走越远，其范围也越来越广，而将官方的四部体系置于不顾。《四库全书》对这些图书的处理方法则是，甚至连评论都没有。[2]

于是我们看到了两类图书，一类是为士林正道所认可的经史子集，另一类则是在四部中没有位置，但却流行于日常坊间的商业图书。这似乎是一个平行的空间，精英士大夫自然也会

---

[1] 同上，第五章。
[2] 参阅艾尔曼，收集与分类：明代汇编与类书，学术月刊，2009 年第 5 期。

读白话小说，只是认为它们不入正道而已。而在书商眼里，四书五经与章回小说都是可供贩售之物，除了市场定位有所不同之外，并无实质区别。

在中国历史上，与传统文学观相背离的文学作品，想要进入文学史的正道往往要经历漫长的过程，其诱因则是社会氛围变化导致了文学观的变迁。举例而言，作为长篇叙事诗的代表，《孔雀东南飞》自诞生以来，并不受文论界重视，唐宋六百年，少有诗话持正面意见，却多讥讽之语，至明代，以王世贞为代表，对其有了较高的评价，其地位也上升良多。[1]

从明代书商的经营模式，和明代商业文学的地位来看，它们似乎都面临着一个无形的天花板。这个天花板与其说是实践上的，不如说是观念和制度上的。从后人的角度来看，明代的商业出版和商业文学充满活力，是值得大书特书的社会现象。而从当时的社会主流观点来看，它们不过是搅动社会的一股细流，甚至从维护社会秩序的角度出发，还需加以打压，以防止其"害人"。

明代商人阶层的兴起，及其中部分暴发户奢华的生活方式，确实令士大夫阶层产生了相当的困扰。余英时认为，明清的社会结构发生了重大变动，商人地位大大提高，士商难分，且商人也产生了强烈的自我意识，所谓"士商异术而同志"。[2] 然而，

[1] 陈文忠，"长篇之圣"的经典化进程，收于童庆炳、陶东风主编，2007，文学经典的建构、解构和重构，第293—307页，北京大学出版社。
[2] 余英时，2001，中国近世宗教伦理与商人精神，第202页，安徽教育出版社。

从余英时的论证中我们并没有看到商人如何提出自己的价值观念，与士分庭抗礼，最过不多是士大夫阶层尝试对传统的四民划分进行修正，以适应新的社会现象。明代的商人也从未想过像 18 世纪法国的第三等级那样，试图挑战现有秩序，而往往是以捐纳之类的形式，融入既有的社会秩序之中。明代的城市化和商业繁荣确实是一个崭新的现象，可从社会观念（当然也包括文学观念）上来看，这些远不足以推翻或挑战既有秩序。

更准确的描述似乎是，在唐宋所成型的士大夫阶层，到明清出现了严重的分化，转变为由极少量科举中榜者所组成的官僚精英，和数以十万计的中下层文人（其社会身份以生员为主）。对明代士人而言，由于科举艰辛，千里挑一，从商也确实是一条新的出路。而且在出版最为繁荣的江南地区，不少文人不再专情于科举，而是成为闲云野鹤般的山人，其中有些便是以出版为生活保障。[1] 不过如无社会观念的重构，以及社会制度的重新安排，所谓的社会结构的变动是相当有限的。

作为宋代以来文化制度的核心，精英化的科举考试耗费了应试者难以计数的精力，且在很大程度上指导和影响了整个中国社会的思想观念。当然学问的思潮也能转而影响科举考试，艾尔曼便指出"明代'四书'学先近王学而后近考据"，后面的"古学"转向一直发展至清代达到顶峰。明代出版发达，各类编选的文集刊行，也促进了思想传播的扩散与加速，自然也会

---

[1] 大木康，2014，明末江南的出版文化，第85—89页，上海古籍出版社。

影响到科举制义。[1]不过这种发展是沿着已有的路径呈螺旋式演变，如无晚清以降新思想体系的冲撞，还会一直走在原来的轨迹上。

特立独行者如金圣叹等人，确实从《三国演义》这些章回小说中敏锐地察觉到了与传统文学相当不同的趣旨。可即使是他们，也无力提出新的观念，以包容这些文学现象，最后不得不以"奇书"称之。

到了清代，白话小说并没有进一步提升它的市场空间和社会地位，反而趋于陷缩。这当然是由于朴学的兴盛，士子文人不屑于这类放荡之作。"以小说戏曲而论，万历以降的明朝和嘉庆以降的清朝，其情形是正相反的。"[2]从中亦可看出，即使到了清代，商业的冲击力仍相当孱弱。

长篇白话小说的正式经典化，是新文化运动之后的事。这种经典化，是将西方近代化之后的文学观念和实践套到中国身上，以"重写文学史"，而与中国历史上的文学观相去甚远。

四、结语

从整体来看，有明一代的出版种类和范围都要更胜过前朝，达到了历史上的高峰。以收录明代图书为主的《千顷堂书目》

---

[1] 艾尔曼，2010，经学·科举·文化史，第195—227页，中华书局。

[2] 孙楷第，2009b，沧州后集，第99页，中华书局。

收书达 15000 余种，可以作为明代出版种数的一个基准。

从宋代到明代，图书的主力读者从士大夫阶层慢慢向整个四民阶层扩散。从分类上看，明代特色最为鲜明也是最为普遍的出版形态便是各种日用类书和白话小说的编刊。[1]

书坊所汇编的日用类书可供各阶层日常所用，分门别类，使用方便，价格也合宜，是商业出版的一大创新。相比起宋代的日用类书，明代类书所涉范围更广，几乎涵盖了各个方面的知识，在同一本书里，能够涵括天文、地理、人纪、诸夷、律例、书信、婚娶丧祭、琴棋书画、医学、占卜、诗对、兵法、养生、农桑，甚至酒令、青楼、法病、修真等方面的门类，真可谓无所不包。同时类书出版也有了较精细的分工，如综合类、行政类、参考类、文学汇编、人名录、故事汇编、童蒙读物等。[2]

从明代日用类书的内容看，它对"所有精英文化作了实用化的处理，将其提炼成简括易记的教条，按照最易翻检的方式分门别类编成不同的板块"[3]。从内容看，由于明代的日用类书通常包括了基本的文化知识、实用技能、休闲兴趣等各方面，其面向读者群并不非常精准，不仅有居家日常使用的功能，还带有相当社交指南的意义。不过似乎可以认为，日用类书的主力读者便是普通日常家庭，包括中下阶层文人以及规模正在不

---

[1] 如果从数量上看，医书的出版量可能更大，但此类书的指向更为明确，这里不作讨论。关于明代建阳出版图书的分类比较，可参见 Lucille Chia, 2002, *Printing for Profit*, p.186, Harvard University Press。

[2] 参阅艾尔曼，收集与分类：明代汇编与类书，学术月刊，2009 年第 5 期。

[3] 刘天振，2006，明代通俗类书研究，第 183 页，齐鲁书社。

断扩大中的城市商人阶层。其中如琴棋书画、诗对、兵法之类，内容相当粗浅，并非学问正道，而主要是为粗通文墨之辈用来应付社交生活所需，类似于今天的《社交礼仪大全》。而酒令、青楼方面的知识，显然也是商业交际所必需的。

至于白话小说，其读者群似乎也是与日用类书相当接近的。最明显的一个例证是，两类图书的出版者往往为同一批人。如建安知名书商余象斗，既刊行了 20 卷本的《三国志传》，又出版了《新刻天下四民便览三台万用正宗》《万用正宗不求人全编》之类的日用类书，以及《万锦情林》这样的市井传奇小说合集。至少从书商的眼光来看，它们都是同样的商业类图书。

浦安迪认为，明代"四大奇书"在当时"只能属于少数人手中赏玩之物，绝非如人们所想像的那样，是以店主和手艺人为广大读者的畅销书"。[1] 但从所知《三国演义》的复杂版本及其沿革来看，并不能佐证这样的看法。

从作者角度来看，明代白话小说的创作者多是默默无名的落魄文人，其社会地位相当有限，很多连身世都不为今人所知，罗贯中并非孤例，明代其他白话小说如《封神演义》《西游记》《金瓶梅》的作者究竟是谁，亦是见仁见智。[2] 虽然到了明代中晚期，李卓吾、金圣叹以至冯梦龙大力高抬这些作品，将其中一些列为"奇书"，认为它们是"古今至文"，甚至可与

---

[1] 浦安迪，2006，明代小说四大奇书，第 30 页，生活·读书·新知三联书店。

[2] 关于明代白话小说作者的出身背景，可参阅方志远，2005，明代城市与市民文学，第 4 章，中华书局。

《诗经》相提并论，但这些评点者自身的社会地位也并不高，最多可算是"奇人"论"奇书"而已。

在任何时代，精英由于其出身背景、教育环境等方面的共性，在趣味方面也往往有相当的稳定性。尤其是明代士大夫的文化品味，不管是服饰、家具还是饮食方面，都是精益求精，在雅致程度上可算空前绝后。而且在明清时期，科举制度使得士大夫精英和"粗通文墨"人士之间，以"擅官话，通文言"为标志，存在极为严格的界限，[1] 绝非当时的通俗文学所能化解。

从明代《三国演义》图书各版本的总体格调，尤其是建阳本的通俗程度来看，并不与当时精英士大夫的品味相匹配。其中，这类作品不被士大夫认可的一大原因便是内中往往有不符儒家道德、诲淫诲盗的内容，晚明顾炎武在承认"小说演义之书，士大夫、农、工、商、贾无不习闻之"之后，接着批判说，"小说专导人为恶"。从顾炎武的话中，我们可以清楚地看到，章回小说尽管极为流行，却与士大夫所接受的道德价值观存在相当的距离。从这个意义上说，毛氏父子的修改正是有意识地弥合作品与正统价值观之间的裂痕，当然也是有意识迎合清代以来社会风气的转变。[2]

---

[1] 艾尔曼，2010，经学·科举·文化史，第 195—227 页，中华书局。

[2] 这种经由读书人修订，而使作品趋向儒教化、合理化的现象，在明清并非只有《三国演义》一例，在《水浒传》《西游记》等作品中也可看到。参阅大木康，关于明末白话小说的作者和读者，明清小说研究，1988 年第 2 期。

　　毛评本的尝试是相当成功的，也受到市场的压倒性欢迎，可即使如此，章回小说在清代的地位仍然相当低下。章学诚批评说，"惟《三国演义》，则七分实事，三分虚构，以致观者，往往为所惑乱"。他认为著书论文，"实则概从其实，虚则明著寓言，不可虚实错杂如《三国》之淆人耳"。这个观点当然极度保守，历史通俗小说在中国自宋元发端，种类众多，用孙楷第的话说，"大抵虚实各半，不以记诵见长"。[1] 如按章学诚的观点，这些作品基本都要归入"惑乱"之类，但这也确实代表了士大夫阶层的一种看法。

　　就我们目前所见，现存不同版本《三国演义》之间没有完全相同的。"这说明了书肆出版《三国志演义》时的激烈竞争。书肆为了'推陈出新'，所以出版了不同种类的版本。"[2] 从中也可看出，它的读者群并不是非常稳定的。书商追求利润，以扩大读者面为己任，使尽了各种伎俩，包括配图、采纳新的版本、翻刻，甚至假托名人写序、写评注等方式，这些相当商业化的手法也向我们表明，它的主力读者群绝不可能只是所谓的精英阶层。从相对数量看，明代通俗小说的读者占总人口的比例确实相当有限，不能与现代社会教育普及后的状况相比，但从供给与需求面来看，它已经呈现出现代流行文学市场的基本特征。

---

[1] 孙楷第，2011，中国通俗小说书目，第 11 页，中华书局。
[2] 中川谕，2010，《三国志演义》版本研究，第 270 页，上海古籍出版社。

不管是从作者的社会地位和写作意图，还是从书商的经营模式，又或是从消费者的基本结构来看，明代的商业图书刊行都呈现出相当成熟的景象，其中相当部分的出版特征及操作手法也延续到后来的清代甚至民国时期的图书出版业。

贩卖知识
——印刷出版与知识的商业维度

一、印刷出版的兴起

在古典时期，文字与纸的结合意味着出现了一种超越口口相传并能长期保存的文献，这是人类文明的一次跃进。在希腊—罗马时代，人们通常用莎草纸（或羊皮纸）和芦苇笔写作，做成卷轴，这便是最早的图书。作者通常自己并不写作，而是由秘书来代笔。[1]莎草纸产于尼罗河，制造的方法非常复杂，价格也很昂贵。所以到了晚期时代，陶片可能成了更为重要的书写材料。[2]

大约从公元 4 世纪起，皮纸（通常是牛皮或羊皮）及册页书形式，取代了纸草和卷轴形式，成为书籍的主流形式。这里

---

[1] 弗雷德里克·巴比耶，2005，书籍的历史，第 18—20 页，广西师范大学出版社。这个传统在西方一直延续，启蒙时期的许多作者仍然是由抄写员代书。直到今天，不少大学教授的论文仍由秘书代为录入。

[2] 皮纳，2011，古典时期的图书世界，第 27—30 页，浙江大学出版社。其他书写材料包括石灰岩、皮革、木材等，但比例都不高。

的重要原因是，皮纸册子的容量更大，检索更为方便，也更为结实耐用，而且价格也更为低廉。[1]这种形式主导了整个西方中世纪时代，持续时间达千年之久，直到纸张从阿拉伯世界逐渐传到西方。

但不管如何，材料加上专人誊写的费用在古典及中世纪时期一直居高不下，这在很大程度上限制了知识的传播。而写作、复制和发行的主要目的也是政治或宗教而非商业。在古典时期，文学作品的主要传播途径就是公开朗诵（也就是口头传播），其传播半径非常有限。就像芬利说的，古代世界"总体上还是个口头交流的世界，而非书写的世界"。[2]

活字印刷能够实现，需要三个要素："以金属浇铸的活字、富含脂质的油墨，以及印刷机"。[3]而其中的关键则是活字排版。虽然公认谷登堡是活字印刷的发明者，但对于他的具体贡献，其实人们到现在仍知之不详。不过正如巴比耶所说的，活字印刷术之所以能够发明，是因为在那个时期有许多金融家向与印刷有关的实验提供了大量投资。而他们之所以愿意提供投资，则是因为已经有一个潜在的书籍市场，一旦活字印刷术发明成功，这些投资者便能从中获利。[4]

---

[1] 参阅弗雷德里克·G.凯尼恩，2012，古希腊罗马的图书与读者，第175—223页，浙江大学出版社。
[2] 芬利，2013，古代世界的政治，第89页，商务印书馆。
[3] 费夫贺等，2006，印刷书的诞生，第24页，广西师范大学出版社。
[4] 参阅韩琦、米盖拉编，2008，中国和欧洲：印刷术与书籍史，第2—3页，商务印书馆。

市场需求的形成自有其社会和经济基础，如 David Herlihy 指出，在 12 世纪和 13 世纪，欧洲大学和世俗学者的数量都在增长，对图书的需求也因此剧增。在手抄本时代，传统的做法是将手稿分给不同的抄写员抄写，然后将各部分合订成一本图书。在 14 世纪和 15 世纪，由于西方黑死病的蔓延，劳动力紧缺，上述做法变得成本极为昂贵，用新技术取代人力的尝试成为有利可图的好事。[1]

由是，活字印刷术在发明后 50 年内便完全成熟，征服了西欧。到公元 1500 年，"印刷术已经稳固地进驻德国、意大利、法国、西班牙和荷兰，在欧洲 250 多个城市建立起了印刷工场"[2]。这可以说明当时对印刷书籍的需求有多么旺盛。1500 年之后，手抄书时代便告结束，西方世界进入了印刷书时代。

印刷术所带来的最直接影响便是图书品种和印量的爆发性增长。雷蒙·威廉姆斯将这种增长称之为"漫长的革命"。在时间点上，它与印刷术的兴起完全契合。瑞士博物学家 Conrad Gesner 于 1545 年编著了《世界书目》（*Biblioteca Universalis*），试图收录有史以来所有的拉丁语、希腊语和希伯来语著作（总数约 1.2 万种），这是西方世界第一次，也是最后一次类似的尝试。随着图书数量的激增，后世学者只能编著关于书目的书目，

---

[1] 参阅 David Herlihy, 1997, *The Black Death and the Transformation of the West*, pp 49—50, Harvard University Press.

[2] 韩琦、米盖拉编，2008，中国和欧洲：印刷术与书籍史，第 143 页，商务印书馆。

甚至是关于书目的书目的书目。[1]

当然，印刷本取代手抄本的过程是复杂而非单一的。印刷本与手抄本之间也并非只有单纯的替代关系。在印刷术出现之初，手抄本的定价可能更低，且在复制某些文本方面也相当有效率。[2]至于早期印刷术所带来的社会变迁则更是难以一言概之。如爱森斯坦所说，任何试图用单一的陈述或程式来表达印刷术带来的变化都是误导性的。[3]

图书出版的类型在早期近代以后产生了较大的变化，这也反映出知识生产类型的变迁。在启蒙运动之前，宗教和教育类图书是发行和出版量最大的种类。一般图书的印数可能只有几百册到1000册，而宗教和教育类图书的发行数可达数千甚至数万册。[4]当然在出版业进一步工业化之前，出版首印的印数一直相当有限。根据谢尔的统计分析，苏格兰启蒙运动时期作者们的出版首印数基本上都在500～2000册，其中又以500～1000册为主流。[5]

在16世纪以前出版的摇篮本中，宗教书的比例高达45%。[6]另一类主要图书则是语言类教材。1564年，马图林·科迪埃写成

---

[1] Elizabeth Eisentein, 2005, *The Printing Revolution in Early Modern Europe*, pp.334—335, Cambridge University Press.
[2] 同上，pp.15—16。
[3] 同上，p.45。
[4] 关于早期印刷书的印量，参见费夫贺等，2006，印刷书的诞生，第215—220页，广西师范大学出版社。
[5] 理查德·谢尔，2012，启蒙与出版，第89页，复旦大学出版社。
[6] 费夫贺等，2006，印刷书的诞生，第249页，广西师范大学出版社。

了一本针对青少年学习拉丁文的教材，被译成多种文字，在 16
世纪再版 20 次、17 世纪再版 64 次、18 世纪再版 56 次，是当
时最为流行的一部教科书。[1] 而在启蒙运动之后，人们对纯宗教
读物的兴趣逐渐下降，对科学、文学读物的兴趣上升，虽然对
于这种变化的程度与性质，不同学者仍然持有不同的观点，[2] 但
这并不影响我们对整个趋势的判断。到 1940 年，在美国的所有
图书销售中，宗教类图书的比例已经降到了 10% 以下。[3]

活字印刷术在西方直接影响了三个关键且互相联系的社会
事件，文艺复兴、宗教改革、科学运动。文艺复兴的出现时间
在印刷术之前，但印刷术的传播促进了文艺复兴的长久发展。
伊丽莎白·爱森斯坦认为，文艺复兴可以分解为一场两阶段的
文化运动，这两个阶段便是以印刷术的发明为界。在 15 世纪以
前，已经有过 9 世纪的加洛林复兴和 12 世纪的意大利复兴，却
都是昙花一现。而印刷术的保存功能令得 15 世纪的文艺复兴变
成了一场恒久的复兴，改变了整个西方世界。[4] 如巴比耶所说，
"印刷术使人文主义欧洲化，而不是仅仅在或多或少有些孤立的
微型社会这样一个单一的范围内发展"。[5]

活字印刷术对宗教改革的影响或许更为直接。谷登堡首先

[1] 沃纳姆编，1999，新编剑桥世界近代史，第 3 卷，第 575 页，中国社会科学出版社。
[2] 参阅罗伯特·达恩顿，2005，启蒙运动的生意，第 515 页，生活·读书·新知三联书店。
[3] 格莱科等，2010，21 世纪出版业的文化与贸易，第 4 页，中国人民大学出版社。
[4] 参阅伊丽莎白·爱森斯坦，2010，作为变革动因的印刷机，第三章，北京大学出版社。
[5] 弗雷德里克·巴比耶，2005，书籍的历史，第 134 页，广西师范大学出版社。

印刷的便是《四十二行圣经》（又称谷登堡圣经）和《赎罪券》。
1517 年，马丁·路德的《九十五条论纲》在公开之后，很快便
被人印刷流传。他的论纲内容与公开形式本身并无革命之处，
但通过广泛印刷，传遍整个欧洲，引发了教会的分裂。通俗语
版《圣经》的大量流传使得信教者能够直接面对上帝，而不再
由教会垄断思想。这就像一股催化剂，使西方宗教改革之路越
走越远，直到启蒙运动之后的世俗时代。

活字印刷术在西方通过两个途径推动了科学的发展。一个
途径是间接的，印刷术是马丁·路德宗教改革成功的关键因素之
一，而宗教改革则严重削弱了罗马教会的权威，去除了科学思
想的自由发展的一块最大绊脚石。另一个途径则是降低了学习、
研究科学的成本，印刷书籍的普及让更多人可以参与科学工作，
也令得更多新观念出现。[1]

默顿指出，"社会互动的类型与范围或许是发明率中最重要
的社会因素"。[2] 当社会形成了一个评判科学的集体标准时，便
会对参与其中的科学家形成强大的压力。科学家要做的不仅是
满足自己的要求，更要回应同行可能的批评，并按照这些可能
的批评来调整自己的研究。换言之，科学共同体对科学的发展
速度与方向有着非常重要的正面影响。

默顿认为，运输与通信手段的改进在很大程度上促进了科

---

[1] 参阅陈方正，2009，继承与叛逆：现代科学为何起源于西方，第 615—617 页，生活·读书·新知三联书店。

[2] 罗伯特·金·默顿，2007，十七世纪英格兰的科学、技术与社会，270 页，商务印书馆。

学的发展。在这里，他显然忽略了活字印刷术对社会互动的积极影响。印刷书籍以及学术刊物的普及有助于形成一个公共的"交流系统"，分散在各处的学者可以通过这个"交流系统"获得学术进展的最新消息，避免无意义的浪费活动，从而不断地积累科学知识。

正如爱森斯坦所说的，通过书信来传递知识当然可行，但对于实际的研究成果而言，书信的局限性就体现出来了：

> 毫无疑问，如果手写书信传达的是开普勒正在研究一套公式的新闻，那是有效的。然而，用书信来传递《鲁道夫星表》(*Rudolphine Tables*)，那就行不通了。当你印行数百册的一部专著，而里面又包含着大量的数字、图表、地图和海图时，甚至当你需要精确而详尽地传达口头报告时，手抄本的效能和机印书相比就极其低下了。[1]

作为变革的动因，活字印刷术对西方现代文明的影响是深远而多维度的。它既能够保存传统，也令传统加速变革。它冲击了传统的宗教统治地位，但并没有因此而自动形成一个美好的新世界。在有印刷术之前，知识被宗教和政治统治者所垄断，而在有印刷术之后，知识本身成为了统治者。

---

[1] 伊丽莎白·爱森斯坦，2010，作为变革动因的印刷机，第287页，北京大学出版社。

二、出版商主导的生产模式

印刷出版兴起以后，图书的传播范围有了一定的扩展，但书业总体上仍处于小规模的手工操作时代。通常的出版模式就是"一部由人工操纵的木制机器，并且产量很小。印刷工场是自筹资金的家族生意，其经营宗旨就是使财产从一个印刷厂主手里传承给下一位业主"。[1]

在18世纪以前，出版、印刷、销售往往是三位一体的。作品的版权是归印刷商所有，不过这需要得到授权。作者的主要收入来源也并非版税，而是赞助人所提供的资助。因此这时期的作者通常是将作品献给他的赞助人。在这种制度下，作者的写作自然不可能脱离赞助人的兴趣与政治宽容度。

从18世纪下半叶到19世纪，图书业出现了第二次革命。首先是技术层面的，整个印刷流程的全面机械化大大提高了生产效率和速率，降低了大量印刷的成本。同时，随着"既存印刷商和图书销售商之间的竞争日益激烈，它们经过扩充和兼并，就成了主导书业的出版企业"。[2]

图书业的技术进步主要归因于工业革命在各个领域的迅猛展开。从18世纪下半叶以来，冶金业、机器制造业、化学工业出现了一大批发明家，革新了各自行业内的技术，推动印刷业

---

[1] 弗雷德里克·巴尔比耶、卡特琳娜·贝尔托·拉维尼尔，2009，从狄德罗到因特网，第20页，上海人民出版社。

[2] 戴维·芬克尔斯坦等，2012，书史导论，第109页，商务印书馆。

走向真正意义上的工业时代。[1] 这种趋势在 19 世纪下半叶甚至更为明显，包括木浆造纸术、快速印刷机等的发明，令得新闻出版业产生了又一次大跃进。

其次，自 18 世纪中期以后，欧洲各个主要国家都经历了一些共同的社会变化，如平均寿命的增长、基本教育的普及、城市化，以及生活水平的提高。这其中最重要的是识字率的提高。虽然斯威伍德认为，在 18 世纪，工人阶级基本上还是被排除在文化民主化之外的，原因是经济基础不足，以及读写能力有限，[2] 但总的说来，基础教育仍在不断普及当中。这些变化使得图书的消费对象越来越偏向于大众。

出版商既然能够提供越来越多和稳定的收入，职业化的作者也随之出现。某些作者已经可以靠写作获得不菲收入。塞缪尔·约翰逊视他的出版商 Robert Dodsley 为新的赞助人，这并非个案，似乎已成为当时的一种流行看法。休谟写作《英国史》，获得了接近 5000 英镑的收入，出版商为前三卷《英国史》所支付的预付稿费就达 1400 英镑。仅在 1848 年上半年，狄更斯便从《董贝父子》一书中获得了超过 9000 英镑的收入[3]，斯密的《道德情操论》一书销量也颇为可观，据统计，斯密在世时，六版《道德情操论》的总计销量便达到了 4750 册，在斯密辞世后

---

[1] 参阅罗伯特·艾伦，2012，近代英国工业革命揭秘，第 378 页，浙江大学出版社。

[2] 阿兰·斯威伍德，2003，大众文化的神话，第 139 页，生活·读书·新知三联书店。

[3] Robert L. Patten, 1978, *Charles Dickens and His Publishers*, pp.20, 188, Oxford University Press.

的 10 年内，又销出另外 3000 册[1]。当然，这些仅仅是当时的个案，绝大多数作者的收入是相当微薄的。在 18 世纪下半叶，写作一篇两卷本小说的收入通常只有 5 ~ 10 英镑。[2] 简而言之，在 18 世纪，作家已经成了一个半独立的群体。[3]

为了将图书销售给更多的读者，发行商作了很多创新的尝试，如广告宣传、提供书目、制作样书送给重要人士获得口碑，或将图书丛书化，更简单的办法是通过削减图书成本的办法来降低书价，如密集排版、缩小开本、使用较差的纸张等。1840—1870 年，法国书籍的平均价格降低了 48%，在 1870—1910 年，又下降了 23%。[4]

18 世纪和 19 世纪是图书产业化的时代，也是图书的黄金时代。这个黄金时代大概一直持续到第一次世界大战以前。一个例证是，1914 年出版的书籍数量大于以后各年，直到 1953 年。[5]印刷图书不仅降低了生产和传播的成本，提高了文本的稳定性，更重要的是形成了一种商业化的知识生产与传播模式。自 19 世纪以来，新闻出版的主宰者变成了出版商而非作者（或记者）。出版商根据对市场的预测和成本估算，确定出版的主题，然后决定约请哪位作者来写稿件，并做出关于开本、装帧、排版、

---

[1] 参见伊安·罗斯，2013，亚当·斯密传，第 11 章，浙江大学出版社。

[2] Robert L. Patten, 1978, *Charles Dickens and His Publishers*, p. 22

[3] 参见彼得·伯克，2003，知识社会史，第 63 页，麦田出版社。

[4] 弗雷德里克·巴尔比耶、卡特琳娜·贝尔托·拉维尼尔，2009，从狄德罗到因特网，第 77 页，上海人出版社。

[5] 弗里茨·马克卢普，2007，美国的知识生产与分配，第 172 页，中国人民大学出版社。

印刷等相关内容的决策。出版商的另一项主要工作则是筹措资金，包括向银行借贷等。通过商业化的机制和资本运作，成功的出版商有能力成为巨富[1]。图书也渐渐成为了正在兴起的大众传媒的一部分。

出版商为了获利，需要控制风险。这首先要区分类型，以界定读者群。在现代图书市场上，人们一般把图书区分为 7 类：工具书、教材、大众非小说类图书、文学小说类图书、诗歌和大众小说。[2] 对不同类型的图书，出版者会根据市场大小、销售渠道以及需求弹性，制定关于印数和定价的基本原则。通常来说，读者面越广，销售渠道会趋于大众化，定价也就越低。而读者面较少的图书，出版者便会提高价格，面向图书馆等机构进行定向销售，因为机构对价格的承受力较强，需求弹性较低。

为了促进销售，出版商还要进行包装作者、修改内容、提炼卖点、营销推广等工作。出版商还会为作者制作能够张扬其性格并符合图书内容的艺术头像照，以吸引读者。在有摄影术之前，通常的做法是用线刻或点刻的办法制作铜版画。而在学术类图书中，出版商则着重勾勒作者的学术背景，并提供同行评议，以昭显作者的权威性。

出版者通常会根据对市场的评估，对作品进行大量修改，

---

[1] 举例来说，18 世纪英国著名的出版商斯特拉恩留下的遗产超过 10 万英镑，而他的合作者卡德尔的财产则超过 15 万英镑。见理查德·谢尔，2012，启蒙与出版，第 387 页，复旦大学出版社。

[2] 参阅克劳迪娅·苏桑，2006，图书出版实务，第 17—21 页，中国人民大学出版社。

比如结构、篇幅、章节等,同时还会根据内容拟定有吸引力的书名。在销售过程中,出版商会进行各类推广工作,包括新书发布会、签售、酒会、读者见面会、在媒体上发布广告等等。甚至有学者指出,"很多对图书出版业有客观视角的观察家(遗憾的是,出版业人士很少持相对客观的视角)意识到,到20世纪90年代末,图书在大多数消费者眼里已经成为一种消费类产品,这类产品需要包装、定价和推广"。[1]

　　在某种意义上,这样的产业化趋势使得出版业变成了阿多诺所称的文化工业的一部分。阿多诺认为,现代文化工业是一种垄断性的强制,在垄断之下,所有大众文化都是同质的。这不是说文化工业提供的所有产品都完全一样,而是说文化企业通过对消费者进行分类,分别提供不同的产品,"这些批量生产的产品不仅具有不同的质量,而且也有一定的等级次序"。[2]这些不同的产品在本质上是相同的,它们之间的区别不过是一种"维持竞争的假象和选择的范围"罢了。在整个文化工业的流程中,所有生产要素都是资本所决定的,"资本已经成了绝对的主人,被深深地印在了在生产线上劳作的被剥夺者的心灵之中;无论制片人选择了什么样的情节,每部影片的内容都不过如此"。[3]本质上,文化工业是一种极权体制。曾有学者将阿多

[1] 格莱科等,2010,21世纪出版社的文化与贸易,第58页,中国人民大学出版社。
[2] 马克斯·霍克海默、西奥多·阿道尔诺,2006,启蒙辩证法,第110页,上海人民出版社。
[3] 同上,第111页。当然,阿多诺的理论针对的主要是现代影视文化而非图书出版,但他所引起的讨论却遍及了整个现代文化工业。

诺的观点归纳为四个方面：同质的社会主体、群众文化因无艺术风格而无思想价值、观众绝对认同文化工业商品，以及社会批判以"本能自然"为基点。[1]

阿多诺的观点最受质疑之处或许就是它忽略了消费者的主动性。自近代社会以降，随着教育的普及、休闲时间的增加，以及大量工作岗位从蓝领向白领的转化，大众对文化消费的需求日益提升，的确为文化工业的兴起提供了条件。但这并不意味着文化工业拥有从上到下的绝对支配权，除非能够证明消费者对文化工业的产品是照单全收的，而这显然不符合现实经验。

不过从另一个角度看，文化工业的确有可能在某种程度上限制了人们的选择范围，或者说，它限定了什么样的知识产品能进入文化工业的范畴。畅销作品由于其丰厚的利润，容易占据媒体和渠道的最醒目位置，从而排挤了市场上的其他作品。由于成本方面的要求，每种文化产品都有其相应的进入门槛。对图书而言，在编辑、排版、印刷、分销、营销等方面都存在不同的沉没成本，使得销量过低的图书无法通过正常的商业渠道出版。这当然限制了文化产品的多样性，也说明了市场并非万能。但由此而否定整个文化工业并无实际意义，因为批判者也并没有提出替代市场的方案。

从全球化的经验来看，当强势文化与弱势文化相遇时，有可能出现文化失落的悲剧。一种文化的存在需要相应的生态环

---

[1] 徐贲，2011，文化批评往何处去，第107页，吉林出版集团有限责任公司。

境。如果出现了传统被破坏、技术变化等情况，它完全有可能从此消失。经济学家泰勒·考恩还指出，商业化的传播，会使得"远离西方经验的社会越来越少"，从而产生所谓多样化的悖论，也就是说本土社会的选择范围扩大，却反而造成了整个世界的选择范围缩小。[1] 商业化是一把双刃剑，我们不应忽视它的不足。

现代文化工业之所以要对消费者分类，本质是为了控制风险、获取利润。文化产品的特质决定了，企业在提供一个产品之初，必须先确定潜在的收益有多少，以此决定制作成本。以图书为例，这些成本包括编辑成本、预估的印刷成本（印数越大，首印成本也就越高）、付给作者的稿费、营销费用等。印刷物的平均成本随着印数的提高而降低，也就是说，读者越多，出版物的价格越低。这样一个互相强化的正反馈在现代世界造成了多重的影响，其后果一直延续到现在。[2] 要保证产品利润，企业必须对市场有准确的估计，而分类便是非常方便的估计办法。分类既有利于消费者的选择，也能够帮助企业划分市场。然而所有类型的核心部分都是"熟悉与新鲜、常规与创意的结合"[3]，控制风险并不代表没有风险。商人也并不完全拒绝风险，因为风险往往是利润的来源，否则无法理解怎么会有人投资拍摄《阿凡达》这样的电影。相比而言，我们更应当关注

---

[1] 泰勒·考恩，2007，创造性破坏，第81页，上海人民出版社。

[2] 参阅保罗·莱文森，2011，软利器，第22—27页，复旦大学出版社。

[3] 大卫·波德威尔，2003，香港电影的秘密，第186页，海南出版社。

的是出版商所主导的模式如何影响知识的生产与传播，又导致了怎样的社会后果。

部分学者或许会主张，市场本身会解决所谓的沉没成本问题。比如说，互联网、计算机直接制版（CTP）、按需印刷等技术已经大大降低了出版成本，可以大胆猜测，随着技术的发展，文化生产的固定成本将接近于零，从而走向人人都可以成为文化生产者的时代。

遗憾的是，这一图景似乎并不可能出现。从历史上看，文化工业的生产成本一直在不断下降，但它的进入门槛却从没有因此而降低。甚至在印刷出版出现之前，历史上就有了作者试图直接将作品售予读者的例子，但这种现象从未成为主流。巨型文化企业总是会不断利用技术的升级换代来提高进入门槛。随着数码摄影和电脑制作技术的进步，拍摄一部电影的最低固定成本已经很低，几乎人人都能负担，但无法想像一个人自娱自乐的电影作品真的能够取代好莱坞。打造明星、编排剧本、制作炫目的特技、营销宣传等方面的成本有增无减，更不要说电影制作公司通过申请专利建立起了个人根本无法突破的技术壁垒。出版业也是如此，尽管从理论上说，一个学者已经可以绕过一切渠道，将自己的作品直接放到互联网上出版，可事实上仍然存在极为广泛的障碍。同行评议、面向数字图书馆的数据库接入和维护、资料的保存和转换、大量学术文章集结而形成的在检索及引用等方面的便利，这些都需要耗费大量的人力与物力，更不要说学术期刊的专业定位和市场细分了。专业学术出版机构在这些方面的优势无人可敌。正因为此，在互联网时代，学术杂志的直接出版成本已经有了大幅降低，其定价却反而扶摇直上。

在 2002 年，美国前四大出版公司的营业收入占了出版行业总收入的 41.8%，前八大出版公司要占市场的 56.6%。[1] 根据通常的行业集中度估算，这个比例并不能算是非常高，但不能因此小觑大型出版机构的主导力量。

三、出版与专业化

专业化与分工是西方自启蒙运动以后整个文明突飞猛进的一个重要根源。这种趋势在 17 世纪和 18 世纪还不完全明朗，到了 19 世纪之后则完全展露无遗。亚当·斯密在当时便关注到这个问题，他认为专业分工可以极大地提高劳动生产力，同时他也指出，机械的发明，可以让一个人能够做许多人的工作。[2]而且斯密已经认识到了专业知识工作者的价值，只不过在那个时候，人们通常将此称之为哲学家或思想家。斯密认为哲学家的工作便是观察事物，以结合利用在表面上相互之间没有关系的物力。而这种"哲学"工作本身也会不断地再分工，分成各个部门。它"不但增加全体的成就，而且大大增进科学的内

---

[1] 格莱科等，2010，21 世纪出版社的文化与贸易，第 105 页，中国人民大学出版社。
[2] 亚当·斯密，1997，国民财富的性质和原因的研究，第 8 页，商务印书馆。

容"。[1] 换句话说，知识的专业化显然是社会分工能够不断持续细化并演进的重要助益。

在斯密看来，分工受到市场范围的限制，这一点显然是正确的。但市场范围本身并不能决定分工的细化程度，而市场范围也并不像斯密所认为的那样，取决于地域或运输的方便性。市场的存在和发展需要多种元素的依托。劳动力的流动性、市场的集聚度、个体的自给自足程度，都会影响市场的范围和深度。现代资本主义体系是个体不断解放和市场不断扩大与细化之间持续正反馈的过程，在这个过程当中，传统的性别、种族、家庭、代际、消费的观念都得到了全面的革新，以适应将平等主义作为根本基础的现代社会体系。

另一方面，出版商主导的知识生产模式对专业分工的影响也极为深远。巴尔赞认为，正是图书削弱了个人和集体的记忆，把智力分成了不同的方面，由此产生了许多专业。[2] 在 18 世纪，欧洲的知识体制有了根本性的发展，彼得·伯克将其归结为三点，首先是传统大学对高等教育的垄断受到了挑战，其次是专业研究人员及"研究"这一概念的兴起，最后则是知识阶级进一步地介入经济、社会和政治的改革。[3]

随着学术专业的不断细分，专业性的学术刊物也大量出现。

---

[1] 同上，第10—11页。
[2] 雅克·巴尔赞，2002，从黎明到衰落：西方文化生活五百年，第65页，世界知识出版社。
[3] 参见彼得·伯克，2003，知识社会史，第3章，麦田出版社。

从出现的时间顺序看，首先是覆盖整个学科领域的专业刊物，然后是定位于某个子领域的专业刊物，到了最近，新出现的刊物可能只聚焦于某个问题、学派等。以经济学为例，该领域的三大顶尖综合性刊物都创刊于第一次世界大战以前，分别是 *Journal of Political Economy*（1892 年）、*American Economic Review*（1911 年）、*Quarterly Journal of Economics*（1886 年）。而到了 21 世纪，新创刊刊物的关注点往往已经非常狭窄，如 *The Review of Asset Pricing Study*（2011 年）、*Journal of Euro Competition Law & Practice*（2010 年）、*Journal of Financial Econometrics*（2003 年）。

同时，学术图书和刊物的定价也居高不下。最近几十年来，学术期刊的高昂价格已经对学术交流产生了巨大的负面影响。2011 年，哈佛大学在订阅学术期刊上就支付了 375 万美元。许多种自然科学杂志的订阅价格已达几万美元一年，由于图书馆每年的费用有限，它们不得不削减图书的采购费用，这又造成了进一步的恶性循环。

Odlyzko 认为，电子出版会降低学术期刊的价格，理由有二；一是现代技术会大幅降低提供服务所需的费用；二是学者不乐意与高定价的出版商合作。[1] 然而这一现象并没有出现，进入 21 世纪，学术刊物定价的上涨幅度一直超过通货膨胀率。

这部分是因为学术刊物的主要成本是所谓的创作成本（first-

---

[1] Andrew Odlyzko, 1998, Reprint：The Economics of Electronic Journals, *First Monday* 2 (8), 1997.

copy cost），电子出版无法节省这方面的费用。据估计，在20世纪90年代，每篇学术论文的创作成本在2000～4000美元之间。在总的学术期刊出版费用中，创作成本占了50%以上。[1]之所以如此，是因为科学刊物的读者面过窄，60%科学杂志的订阅量少于2500份。

　　另一个原因则是出版商的商业导向。除了部分大学出版社以外，主要的学术出版机构都是营利性企业，而且基本上是上市公司。从商业角度出发，以较高的定价将专业图书和刊物卖给图书馆，可以避开在书店销售所导致的退货、回款等问题，同时获得较好的利润。营利性出版机构与非营利性出版机构在定价上差异很大。2003年，商业出版机构出版的学术期刊的平均订阅价格要比非营利性企业高2.8倍。[2]

　　由于高昂的定价，个人不可能订阅专业性的学术作品和刊物，而是向图书馆借阅。换句话说，大学图书馆在间接补贴学术出版。随着学术书刊的价格不断提高，这种补贴的数额也在不断提高。但是否可以由此推论，商业化的学术出版走向了错误的方向，陷入了真正的经营危机？从目前来看，大学出版社所遇到的困境可能更大。非营利性出版机构在专业发展的深度和出版效率上远低于营利性出版社。由于出版依赖于学校的补贴，大学出版社的工作效率很低，出版周期达数年之久，大量博士论文都无法

---

[1]　参阅 Golnessa Galyani Moghaddam, Why Are Scholarly Journals Costly even with Electronic Publishing? *Interlending and Document Supply*, 2009, 37.3。

[2]　同上。

出版。即使出版，第一版销量也往往只有 300 册左右。也因此，欧美的大多数大学出版机构都处于被补贴的状态。

四、出版商如何主导生产

在历史上，书商拥有印刷作品的特许权，而且这种特许权是永久性的。作者只能将著作权售予书商，获得一次性的收益。1709 年英国制定版权法之后，著作权才变为由作者所拥有。但正如夏提叶（Roger Chartier）指出的，"当特许权的永久性在18 世纪受到挑战时，书商兼出版商反而借由确保作者对著作权拥有永久的所有权，来保障他们购自作者之版权的永久性"。[1] 而这里的著作权，指的是作者表达思想的形式，而非思想本身。直到今天，这仍是法律上对著作权的定义。

作者拥有了著作权，而书商只要向作者购买版权，便可确保其自身利益不受损害。作者也因此逐步摆脱了对王公贵族的依附。在此之后，作者市场渐渐地形成。

18 世纪以来，随着图书业的日益产业化，出版商掌握了一整套主导出版的商业手段。在一个具有代表性的例子中，出版商会根据市场需求设定主题，再邀请作者撰写文字内容，请人设计版式，同时配上另请人制作的插图、表格、照片等，最终完成一本书。最终的图书成品是多方面工作的成果，不再仅有

---

[1] 侯瑞·夏提叶，2012，书籍的秩序，第 35 页，联经出版公司。

文字作者的著作权。这样，文字作者便无法在合同期满后，将著作权授予另一家出版社。另一方面，出版商拥有包装技巧、销售渠道以及市场声誉，从而能在与作者的博弈中占据上风。

从读者的角度出发，出版商组织并控制生产，其影响的范围包括字数、写作内容、角度、手法等。在这方面，出版商与作者之间必然存在相当的矛盾。作者的创作需要自由空间，而出版商从商业回报角度出发，必须控制风险，制造卖点。随着商业化程度的加深，出版商逐渐形成了一套控制作者写作的方法。在创作的过程中，编辑会与作者进行大量的互动，包括撰写大纲、作者写作一部分便交付编辑审核，以及后期的修改等。但同时作者仍然能获得相当大的自主权。其自主程度依赖于作者自身的知名度，以及出版商的控制能力。

而在后期，即印刷和发行阶段，出版商则具备了更为实质性的控制力。出版商根据对市场的预估和企业内各产品间的协调，决定宣传、发行渠道、出版时间等要素，从而在某种程度上了确定了产品的传播程度。

在其他文化行业，由于产品性质的差异，生产结构及版权归属方式也有不同之处。如在电影领域，电影的版权通常是归于制片方，而非导演、演员或编剧。不过在好莱坞，导演、编剧、演员等参与者都可以享受衍生产品的版权收益，包括DVD销售收入等。

正如布尔迪厄所指出的，在艺术生产领域，存在两种对立却又互相联系的经济逻辑。一种是所谓的纯艺术的经济逻辑，它更多的考虑艺术自身的意义，而非单纯的经济效益。另一种则是"产业"的经济逻辑。在后者看来，文化艺术的生产和交易，与其他行业的生产交易行为并无二致，生产者首先要满足的，是顾客的需要。

可以认为，第一种经济逻辑更倾向于长期的收益，而后者则更多地追求短期经济利益。因此，衡量文化生产机构在这两个极端立场之间所处位置的最佳标准便是"生产循环的长度"[1]。布尔迪厄以出版为例指出，存在两种文化企业，一种是短期生产周期型企业，以追求畅销为目的，这类企业规模大、员工数量多，出版品种量也大，拥有"庞大的推销机构、巨大的广告支出和公共关系"[2]；另一种是长期生产型企业，员工人数不多，出版品种少，出版的主要作品为长销书。

布尔迪厄的思考给我们很大启发，但如果完全以其结论作为规范，则容易陷入歧途。以电影业为例，情况似乎恰恰相反。畅销卖座电影的生产周期更长，其全周期（从剧本构思、拍摄、后期制作，到上映）可能长达 5～8 年。而所谓的艺术电影，其生产周期跨度很大，如果资金获得顺利，几个月便可上映。但十几年完成一部作品的现象也不鲜见。电影业与出版业在生产周期上的差异或许是因为它们属于不同的文化生产机制。在当代社会，电影是一种面向全世界发行的产业，属于核心文化

---

[1] 参见布尔迪厄，2011，艺术的法则，第 109—110 页，中央编译出版社。
[2] 同上，第 112 页。

工业。而出版面向的通常是一个民族内的少量受众，处于文化产业的边缘领域。[1]

总体而言，在现代文化产业界，制作商是生产结构的支配者与主导者，它决定了生产的成本、时间、质量等要素。从经济学的角度看，这只不过是反映了企业内部的利益分配和权力支配方式。企业家作为风险的承担者与最终利润的享受者，需要控制成本与风险，因此也必然需要控制生产的全过程。

五、知识的传播与保存

洛根认为，印刷出版的主要特征有，"促成统一性和规整性、视觉偏向、记录的持久性以及有助于文化的普及"。[2]也就是说，一方面它促进了知识的传播与保存，另一方面它则帮助将知识的形式固定下来。

印刷出版作为近代文化生产的重要载体，对知识的供给与需求都产生了重要影响。出版市场的扩大为职业作者的生存提供了更广阔的机会。一流的作者不必一定要依赖王公贵族的赞助为生，也可以选择成为一个自由作者。而籍籍无名的作者也有可能通过出版一举成名。

作者范围的扩大自然会增加知识的供给，同时使得书面知

---

[1] 参见戴安娜·克兰，2012，文化生产，译林出版社。
[2] 罗伯特·洛根，2012，字母表效应：拼音文字与西方文明，第138页，复旦大学出版社。

识不再被上层社会所垄断，它自然而然地将各个阶层的经验和欲望带入了出版的世界。在启蒙运动时代，进入流通市场的不仅有启蒙运动的哲学作品，也有"富于哲理的色情文学"[1]，可谓百花齐放。

18 世纪以来，开展工业化的各国的民众工资不断提高，普通百姓也有余钱进行基本生存以外的消费。[2] 另一方面，产业技术的革新令得图书成本大为降低，扩大了读者面。印刷出版物逐渐成为大众文化的一部分。

出版市场不仅为大众提供各种消遣性的文学作品，也将各类社会知识汇总整理成册，这直接促进了思想交流，以及科学与技术的进步。现代社会的读者能够获得极为广泛的分类知识，包括各个专业领域。图书馆则通过编目记录帮助读者查找到具体的作品。此外还有各种普及性和工具性的作品帮助读者尽快地进入某个专业领域。现代图书业及其所衍生的公共图书馆已经形成了一个包罗万象的巨大知识网。它与近代以来的知识分工结合在一起，不断扩展知识的边界。

图书作为一种知识载体，它自身的特性也在很大程度上影响了知识的传播。或者反过来说，人们对内容的需求会影响图书的载体形式。在西方历史上，皮纸册子之所以取代了纸草卷轴，成为西方世界图书的主流形式，其主要原因便是随着基督

---

[1] 罗伯特·达恩顿，2012，法国大革命前的畅销禁书，第 3 章，华东师范大学出版社。
[2] 参阅罗伯特·艾伦，2012，近代英国工业革命揭秘，第 6 章，浙江大学出版社。

教的主宰地位确立，人们对《圣经》的需求大大增加。而《圣经》的巨大篇幅突显出卷轴形式在容量上的缺陷。一卷书只能容纳《圣经》中的一章，一册书却能放进整本《圣经》的内容。[1] 类似的是，宗教对图书的大量需求在中国促成了印刷术的最初出现。中古时期的中国佛教盛行，信徒通过抄写颂念佛经以求功德，这也是推动印刷术发明的重要需求面。

图书的印刷成本在某种程度上限制了图书的篇幅，面向大众的图书从定价角度考虑，开本、篇幅不能太大，装订也较为粗糙。定价的确对销量有相当的影响。狄更斯的《圣诞颂歌》第一次出版发行于 1843 年，定价为 5 先令，销量仅数百册。而 1857 年发行的阅读版，定价仅为 1 先令，其销售量也有明显提高。[2] 另一方面，所需成本较高的图书便只能做成价格昂贵的版本，以获得较高的毛利率。这当然限制了读者的选择范围。

自古至今，对出版商来说，选择开本对生意的成败都极为重要，因为它直接涉及成本和需求。在苏格兰启蒙时期的作品中，大多数均为 4 开本或 8 开本，也有少量的 12 开本。开本越大往往意味着作品的"等级"越高，当然定价自然也就越高，如史学、政治经济学或诗歌类作品一般以 4 开本形式出版，而小开本作品通常是小说或教材等类型。而且当时的出版商也经

---

[1] 参阅弗雷德里克·G. 凯尼恩，2012，古希腊罗马的图书与读者，浙江大学出版社。

[2] 数据见 Robert L. Patten, 1978, *Charles Dickens and His Publishers*, p.20 and pp.374—375, Oxford University Press. 当然另一方面，狄更斯在 1857 年时的社会知名度也高了很多。

常采用首印时以 4 开本形式出版，重印时则改为较小的 8 开本的手法，以求扩大读者面，获取更多的利润。[1]

直至今天，出版商仍然利用这种价格歧视手法实现利润最大化，当然随着技术手段的进步和市场的进一步细分，版本类型变得更为复杂了。对一本畅销书来说，出版商通常会制作精装、平装、大众市场平装，以及有声光盘等多种版本，还有可能印行收藏版、盒装版、插图版等类型，以满足部分特殊爱好者的需求。

随着图书成本的降低，人们能够拥有或借阅更多的图书，这也导致了阅读方式慢慢向泛读转化。18 世纪以前，人们的通常阅读方式是精读少量的经典。而之后，人们开始广泛地阅读各类著作。[2] 泛阅读方式的普及拓展了读者的知识面，但同时也造成了经典作品的地位日益下滑。

有趣的是，知识的传播与保存之间存在一定的反向关系。较低的定价（成本）有利于传播，但不利于保存。为了将知识传播给更大多数的读者，就必须降低其定价和成本。对印刷出版物来说，纸张、装订是关乎出版物保存时间的关键因素。在西方古代社会，纸草的来源限于尼罗河地区，数量有限；后来流行的皮纸，其原料则是取自动物皮毛，价格相对而言低了不少。在中国，纸张大约起源于西汉时期，东汉蔡伦改进造纸技

---

[1] 参阅理查德·谢尔，2012，启蒙与出版，复旦大学出版社。

[2] 参阅戴维·芬克尔斯坦等，2012，书史导论，第 183—185 页，商务印书馆。

术，所用材料为树肤、麻头，以及敝布和渔网，大大拓展了造纸原料，但我们并不知道具体的制造方法。自晋以后，陆续采用的造纸原料还包括藤、竹、稻麦等。传统的造纸技术颇为讲究，在纸张成型后，还会通过施胶、填料、染色、着色和涂布等方法加以改善，再通过染潢的方法避免虫蛀。[1]传统纸张的制造完全通过天然原料，即使是添加矿物和填料，也是天然质地，因此纸存千年并非虚言。现代机制造纸技术的原理并未有根本性变化，其成本的下降除了用机器替代人工，实施大规模生产以外，另一方面则是大量施加人工添剂。这使得纸张处于酸性环境中，且稳定性不如手制纸张，其实际保存时间不过50年。

当然从另一个角度看，由于印刷出版物数量的飞速增加，长时间保存的必要性也降低了。新闻出版物越来越多地成为一种消费品，知识的实际保存功能是由专业的图书馆、档案馆来完成的。比如说，每个国家的国家图书馆通常就担任了保存出版记录的工作。出版商要将出版物呈缴给国家图书馆，同时国家图书馆还会负责编目，并生成元数据，为其他图书馆所用。[2]

从商业的角度看，知识载体保存时间的重要性更多地让位于传播速度与获得的方便性。现代物流已经能够以非常快速和低成本的方式将纸质出版物传至各个销售终端，再加上电子传输技术的进步，大众新闻出版业已经形成了全球性的销售模式。

---

[1] 参阅钱存训，2004，书于竹帛，第128—130页，上海书店出版社。

[2] 参阅克里斯廷·博格曼，2003，从古腾堡到全球信息基础设施，第7章，中信出版社。

《时代周刊》、《金融时报》这些全球性媒体不仅能够同时在各个国家销售，而且还发行诸如"亚洲版"等各类针对具体地区的同名刊物。图书业也不遑多让。2007年，《哈利·波特与死亡圣器》英文版在全球上百个国家同步发行销售，成为一个重要的文化现象。

互联网与移动网络技术的发展则令得人们能够在网络所覆盖的任何时间、任何地点获得信息与内容。新闻的即时性在受到最大程度的发挥之余，也使得纸质载体受到事实上的冲击。它对图书的影响则又更为晦暗不明。

核心的问题在于，纸质图书到底仅仅是一种载体还是一种具备实质性的形式。如果是载体，它的生命力便只取决于载体本身的经济性。而如果作为一种与内容密不可分的形式，它的生命力显然会更为绵长。从历史上看，西方的皮纸取代纸草，以及中国的纸取代竹简，都花费了大约三个世纪的时间。随着技术更替速度的加快，CD取代录音带、DVD取代录像带的时间则要短得多，不过十余年而已。作为一种载体，只要出现了更高效廉价的新载体，被替代是必然的。而作为一种表现手法，如戏剧，它的内容与形式紧密地结合在一起，一旦将它从介质中抽象出来，其表现力便会受到很大的打击。这便是为什么在电子形式当道的情况下，戏剧的现场表演仍然无可替代的原因。

当然，形式也有其生命周期。古典时期的许多表现形式都已消逝。在古典及中世纪西方世界极为流行的游吟诗人便是一例。许多艺术形式随着时代的变迁而不再具备强悍的生命力，如史诗、近体诗、古典音乐，它们成为了"经典"，却不再具有发展的潜力。作为一种表现形式，它们已经发挥到了极致，再无突破的空间。[1] 同时，孕育形式的社会氛围也在变化，当形式逐渐从社会交往的中心走向边缘时，它便不再享有社会瞩目的焦点地位，也不再有第一流的人物愿意展现身手。久而往之，连评价形式的标准也在下降。第一流的艺术必然需要第一流的欣赏者，而评价的最高标准是无法量化的，它在相当程度上只可意会，不可言传。只有长年浸淫其中的内行才能察觉一流作品与超一流作品、一流作者与超一流作者之间的细微差异，从而给出恰如其分的评价。只有这样的评价体系被建构成功，形式才有其旺盛的生命力。否则，形式便将逐渐枯萎，最终消逝或进入博物馆。中国学者对此艺术现象似早有论述，即所谓"一代有一代之所胜"，"一代有一代之文学"。

纸质图书的性质或许居于纯粹的载体与表现形式这两者之间。它不像戏剧那样，内容与形式完全无法分离。事实上，电子图书已经在一定程度上替代了纸质图书。但纸质图书也不能算是一种纯粹的载体，迄今为止，它仍然具有许多电子图书无法取代的功能。封面、装订、纸张的审美价值是电子图书无法提供的。图书购买者自身也非常注意内容与形式之间的关系，对于那些只供消遣或用后即弃的作品，读者愿意购买较廉价的

---

[1] 当然这些形式及其孕育的美学观必然会重生于另一种形式之上，但那是另一个问题了。

小开本或平装本。而对于可收藏的重要作品，读者便希望拥有精装及大开本。读者的自觉选择已经生动地说明了图书介质在内容和形式之间的复杂关系。在电子图书的压迫下，图书的审美和实用两大功能会得到进一步的分离，它的社会定位也会发生进一步的转向。

六、出版形态对知识生成的影响

印刷出版是人类文明的一个里程碑，它使得人类思想能以更为持久的形式流传，将知识以较为廉价的方式向大众传播。而大众的需求又通过出版商反馈给作者，激励更多的作者投入知识的生产。知识的供给和需求之间如此不断循环反馈，逐渐形成了独立的知识市场。

印刷出版的发明主要系于材料和技术的突破，而印刷出版能在西方世界产生如此根本性的深远影响，则是因为它满足了迫切的社会需求。印刷出版结合了逐渐兴起的消费社会，将知识贩售给越来越多的普通消费者。技术的升级、知识的普及、公共领域的兴起，诸此种种进步集于一个时期而爆发，正是西方文明在近代崛起的核心标志。

在中国，印刷术的发明时间更早，出版种类也非常繁多，到了明代和清初时期，仍领先于西方世界。但一个重要区别是，中国的大型出版物往往是由政府出资，而非民间自发投入。明清时期的重大出版事项，如《永乐大典》、《古今图书集成》、

《四库全书》等，均由政府出资并主持纂修，出版后也不在市场上流通。当然中国文化史上也可见到不少离经叛道之作，但历史上中国政府一直强力地干预，进而直接塑造知识，在某种程度上它将知识的正统性与政府的合法性紧密地结合在一起，其典型的手段便是科举考试与官方修书。

而西方近代以来的出版则走向了另一条道路，到后来甚至可以对抗国王和教皇。在 18 世纪，《百科全书》的出版一直遭到"旧正统和旧制度辩护者的公开抨击，其中包括耶稣会士、詹森派教徒、最高宗教裁决会、巴黎高等法院、御前会议和教皇"[1]，其中国王和教皇均要求禁毁这部著作，但它最后却幸存了下来。商业元素在这里起到了至关重要的作用，对当时的书商来说，它"太有利可图而不能置之不理"。同时作者也从中收得不少好处，在 1747 年，狄德罗所签的合同规定他从编辑《百科全书》中可以收取 7200 里弗的报酬。在这个意义上，印刷术之所以能够在西方点燃知识的大爆炸，一个重要的原因是同时期公共领域的兴起，政府与宗教的势力都无法一手遮天。

印刷出版所促成的知识市场不仅贩售知识，同时也在潜移默化地影响知识的生成。这种影响可以粗略地分为几类。最直接的一类是当商业化出版占主导地位之后，出版商为了抑制风险，会从类型的角度控制出版主题和内容。由于成本（包括制作成本和读者阅读的时间成本，以及为了能够阅读而需获得相

---

[1] 达恩顿，2005，启蒙运动的生意，第 9 页，生活·读书·新知三联书店。

关背景知识的学习成本）的限制，在客观上，它的确会存在压抑风险过高或利润过低的出版的可能。也因此，我们今天在市场上所看到的并非穷尽了人类的可能。商业化在促进知识传播的同时，或许也抑制了其他的可能。

商业上的考量也会直接影响知识生产者的选择。麦克卢汉认为，印刷术的发明是人类第一次将手工艺加以机械化[1]，而且它倾向于将语言从一种认知与探索的手段转变为一种便携商品[2]。作者会倾向于写作能够出版的作品，尤其是回报率较高的作品。休谟写作历史读物的直接原因便是历史作品比他的哲学作品更畅销。[3] 在现代出版市场上，由于主流出版商的强势地位，它不仅出版类型性很强的作品，更会直接介入作者的写作思路与方式，引导作者修改作品，使之符合市场的一般需求。

另一个值得注意的方面则是印刷出版对人类思维表达的潜在影响。在缺少印刷书籍的年代，通过口口相传教授知识就成为非常重要的形式，也因此演讲术在古代世界是主要的教学方式。由于文本复制的困难，讨论经典，并不断地评注、注释经典，也自然变成了古代社会传播、保存知识的主要手段。

印刷出版的形式促成了统一性与规整性，但统一即意味着舍弃。从阅读的便利角度出发，出版物逐渐形成了结构上的规范，如用章、节、子标题来对文章作出区分。在便利读者的同

---

[1] Marshall McLuhan 2011, *The Gutenberg Galaxy*, p. 171, University of Toronto Press.
[2] 同上，p. 183. 当然，麦克卢汉生前并未看到 kindle 和 iPad 的出现。
[3] 彼得·伯克，2003，知识社会史，第 272 页，麦田出版社。

时，结构的固化也在某种程度上规定了作者与读者的思维。

印刷出版是知识专门化的重要推手。由于篇幅的限制和出版能力的扩张，印刷出版物可以将背景知识概念化，从而只有掌握了相应概念的读者才能懂得其中的含义。于是读者必须先行获得一定的专业知识，然后才能解读文本的内容。随着专业程度的进一步加深，知识之网越来越广，知识的专业化程度越来越深，一个人穷尽一生，也只能掌握一小部分知识。虽然印刷出版并非专业化的唯一动力，但没有印刷出版对知识的保存和细分，知识的专业化是难以想象的。

当然我们未必要如伊尼斯那般，将媒介可能产生的影响力夸张到极致，事实上它并无如此巨大的功能。[1] 印刷术在西方促成了知识大爆炸，见证了欧洲各民族的兴起，它的非集中化和地方主义特征颇为明显。但它在中国历史上的影响却要细弱得多，有时甚至是相反。印刷术在中国不但没有造成地方的分裂，反而借由书同文将不同地域更紧密地结合在了一起。这之间的差异必须由其他更为关键的社会因素来解释。

---

[1]　参阅哈罗德·伊尼斯，2003，传播的偏向，中国人民大学出版社。

参考文献

阿兰·斯威伍德，2003，《大众文化的神话》，生活·读书·新知三联书店

艾朗诺，2013，《美的焦虑》，上海古籍出版社

艾尔曼，《收集与分类：明代汇编与类书》，学术月刊，2009年第5期

艾尔曼，2010，《经学·科举·文化史》，中华书局

埃尔顿编，2003，《新编剑桥世界近代史，第2卷》，中国社会科学出版社

彼得·伯克，2003，《知识社会史》，麦田出版社

包弼德，2012，《历史上的理学》，浙江大学出版社

保罗·莱文森，2011，《软利器》，复旦大学出版社

大木康，关于明末白话小说的作者和读者，《明清小说研究》，1988年第2期

大木康，2014，《明末江南的出版文化》，上海古籍出版社

卜正民，2004，《纵乐的困惑》，生活·读书·新知三联书店

布尔迪厄，2011，《艺术的法则》，中央编译出版社

布克哈特，1979，《意大利文艺复兴时期的文化》，商务印书馆

曹之，2008，《中国出版通史，隋唐五代卷》，中国书籍出版社

陈登原，2010，《古今典籍聚散考》，华东师范大学出版社

陈方正，2009，《继承与叛逆：现代科学为何起源于西方》，生活·读

书·新知三联书店

陈冠至，《明代江南士人的抄书生活》，台北"国家图书馆"（馆刊），
　2009 年第 1 期

陈国球，2007，《明代复古派唐诗论研究》，北京大学出版社

程水龙，2010，理学在浙江的传播——以《近思录》为中心的历史考察，
　上海古籍出版社

陈荣捷，1982，《朱学论集》，台湾学生书局

陈荣捷，2007，《朱子新探索》，华东师范大学出版社

陈荣捷，2012，《朱熹》，生活·读书·新知三联书店

陈赟，2007，《中庸的思想》，生活·读书·新知三联书店

陈正宏，2014，《东亚汉籍版本学初探》，中西书局

戴安娜·克兰，2012，《文化生产》，译林出版社

戴维·芬克尔斯坦等，2012，《书史导论》，商务印书馆

戴维·斯科特·卡斯顿，2012，《莎士比亚与书》，商务印书馆

岛田虔次，2009，《中国思想史研究》，上海古籍出版社

邓广铭，1997，《邓广铭治史论稿》，北京大学出版社

邓广铭，2000，《北宋政治改革家王安石》，河北教育出版社

杜希德，2010，《唐代官修史籍考》，上海古籍出版社

伊安·罗斯，2013，《亚当·斯密传》，浙江大学出版社

方志远，2005，《明代城市与市民文学》，中华书局

伊丽莎白·爱森斯坦，2010，《作为变革动因的印刷机》，北京大学出
　版社

弗雷德里克·巴比耶，2005，《书籍的历史》，广西师范大学出版社

弗雷德里克·巴尔比耶、卡特琳娜·贝尔托·拉维尼尔，2009，《从狄德
　罗到因特网》，上海人民出版社

弗雷德里克·G.凯尼恩，2012，《古希腊罗马的图书与读者》，浙江大学
　出版社

弗里茨·马克卢普，2007，《美国的知识生产与分配》，中国人民大学出版社

费夫贺等，2006，《印刷书的诞生》，广西师范大学出版社

葛瑞汉，2000，《二程兄弟的新儒学》，大象出版社

沟口雄三，2014，《中国思想史》，生活·读书·新知三联书店

侯瑞·夏提叶，2012，《书籍的秩序》，联经出版公司

芬利，2013，《古代世界的政治》，商务印书馆

格莱科等，2010，《21 世纪出版业的文化与贸易》，中国人民大学出版社

哈罗德·伊尼斯，2003，《传播的偏向》，中国人民大学出版社

海尔布罗纳，1994，《几位著名经济学家的生平、时代和思想》，商务印书馆

韩琦、米盖拉编，2008，《中国和欧洲：印刷术与书籍史》，商务印书馆

何晓苇，2013，毛本《三国演义》研究，巴蜀书社

胡道静，2005，《中国古代的类书》，中华书局

胡道静，2011，《沈括研究科技史论》，上海人民出版社

侯外庐等主编，1997，《宋明理学史》，人民出版社

金文京，《三国演义》版本试探，明清小说研究，1992 第 2 期

金文京，《三国演义》版本试探（续完），明清小说研究，1992 年 Z1 期

金文京，2010，《三国演义的世界》，商务印书馆

卡特，1991，《中国印刷术的发明和它的西传》，商务印书馆

孔飞力，2012，《叫魂》，上海三联书店

克劳迪娅·苏桑，2006，《图书出版实务》，中国人民大学出版社

克里斯廷·博格曼，2003，《从古腾堡到全球信息基础设施》，中信出版社

理查德·谢尔，2012，《启蒙与出版》，复旦大学出版社

李伯重，2001，明清江南的出版印刷业，《中国经济史研究》2001 年第 3 期

李伯重，2013，《理论、方法、发展、趋势——中国经济史研究新探》

（修订版），浙江大学出版社

李天鸣主编，《文艺绍兴南宋艺术与文化·图书卷》，台北"故宫博物院"，2010

李致忠，2008，《中国出版通史，宋辽西夏金元卷》，中国书籍出版社

李贽，2009，《焚书·续焚书》，中华书局

缪咏禾，2008，《中国出版通史，明代卷》，中国书籍出版社

刘天振，2006，《明代通俗类书研究》，齐鲁书社

刘子健，2002，《中国转向内在》，江苏人民出版社

罗伯特·艾伦，2012，《近代英国工业革命揭秘》，浙江大学出版社

罗伯特·达恩顿，2005，《启蒙运动的生意》，生活·读书·新知三联书店

罗伯特·达恩顿，2012，《法国大革命前的畅销禁书》，华东师范大学出版社

罗伯特·金·默顿，2007，《十七世纪英格兰的科学、技术与社会》，商务印书馆

罗伯特·洛根，2012，《字母表效应：拼音文字与西方文明》，复旦大学出版社

罗志田，2014，《权势转移——近代中国的思想与社会》，北京师范大学出版社

马克斯·霍克海默、西奥多·阿道尔诺，2006，《启蒙辩证法》，上海人民出版社

梅尔清，2008，《印刷的世界：书籍、出版文化和中华帝国晚期的社会》，书林，第4期

内山精也，2013，《传媒与真相》，上海古籍出版社

内藤湖南，2004，《中国史通论》，社会科学文献出版社

皮纳，2011，《古典时期的图书世界》，浙江大学出版社

浦安迪，2006，《明代小说四大奇书》，生活·读书·新知三联书店

钱存训，1995，《造纸及印刷》，台湾"商务印书馆"

钱存训，2004，《书于竹帛》，上海书店出版社

钱存训，2012，《钱存训文集》，国家图书馆出版社

《日本学者研究中国史论著选译》，1992，第一卷，中华书局

上田望，《三国志演义》毛评本的传播，《文学遗产》，2000 年第 4 期

沈伯峻，论《李卓吾先生批评三国志》，内江师范学院学报，1993 年第
    3 期

斯波义信，2012，《宋代江南经济史研究》，江苏人民出版社

司马涛，2012，《中国皇朝末期的长篇小说》，华东师范大学出版社

宋原放主编，2004，《中国出版史料，古代部分》，山东教育出版社、湖
    北教育出版社

宿白，1999，《唐宋时期的雕版印刷》，文物出版社

束景南，2003，《朱子大传》，商务印书馆

束景南，2014，《朱熹年谱长编》（增补版），华东师范大学出版社

孙楷第，2011，《中国通俗小说书目》，中华书局

孙楷第，2009，《沧州集》，中华书局

孙楷第，2009，《沧州后集》，中华书局

孙康宜、宇文所安编，2013，《剑桥中国文学史》，生活·读书·新知三联
    书店

泰勒·考恩，2007，《创造性破坏》，上海人民出版社

田浩，2009，《朱熹的思维世界》，江苏人民出版社

田晓菲，2007，《尘几录》，中华书局

童庆炳、陶东风主编，2007，《文学经典的建构、解构和重构》，北京大
    学出版社

涂丰恩，《明清书籍史的研究回顾，新史学》，第 20 卷第 1 期

王利器，罗贯中与《三国志通俗演义》（上、下），社会科学研究，1983
    年第 1 期、第 2 期

王明清，1961，《挥麈录》，中华书局

王清原等编纂，2002，《小说书坊录》，北京图书馆出版社

沃纳姆编，1999，《新编剑桥世界近代史，第3卷》，中国社会科学出版社

巫仁恕，2008，《品味奢华》，中华书局

吴晗，1981，《江浙藏书家史略》，中华书局

吴蕙芳，2001，《万宝全书：明清时期的民间生活实录》，台湾花木兰出版社

魏安，1996，《三国演义》版本考，上海古籍出版社

谢和耐，2008，《中国社会史》，江苏人民出版社

辛德勇，《重论明代的铜活字印书与金属活字印本问题》，燕京学报，2007年第2期

辛德勇，《论中国书籍雕版印刷技术产生的社会原因及其时间》，电子稿

徐贲，2011，《文化批评往何处去》，吉林出版集团有限责任公司

徐朔方、孙秋克，2006，《明代文学史》，浙江大学出版社

亚当·斯密，1997，《国民财富的性质和原因的研究》，商务印书馆

雅克·巴尔赞，2002，《从黎明到衰落：西方文化生活五百年》，世界知识出版社

永溶等，1965，《四库全书总目提要》，中华书局

尤陈俊，2013，《法律知识的文字传播：明清日用类书与社会日常生活》，上海人民出版社

余英时，2001，《中国近世宗教伦理与商人精神》，安徽教育出版社

余英时，2004，《现代儒学的回顾与展望》，生活·读书·新知三联书店

余英时，2004，《朱熹的历史世界》，生活·读书·新知三联书店

余英时，2007，《人文与理性的中国》，上海古籍出版社

袁逸，《唐宋元书籍价格考，编辑之友》，1993年第2期

曾枣庄，《西昆酬唱集》及其版本和校注，长江学术，2012年第1期

张金岭，《宋理宗与理学，四川大学学报》（哲学社会科学版），2001年第2期

参考文献

张秀明，2006，《中国印刷史》，浙江古籍出版社

张秀明，2009，《中国印刷术的发明及其影响》，上海人民出版社

张载，1978，《张载集》，中华书局

郑振铎，2005，《插图本中国文学史》，上海人民出版社

中川谕，2010，《三国志演义》版本研究，上海古籍出版社

周绍明，2009，《书籍的社会史》，北京大学出版社

周生春，何朝晖编，2012，《"印刷与市场"国际学术研讨会论文集》，浙江大学出版社

朱迎平，2008，《宋代刻书产业与文学》，上海古籍出版社

朱熹，吕祖谦编，叶采集解，2010，《近思录》，上海古籍出版社

朱一玄编，2012，《明清小说资料汇编》，南开大学出版社

佐藤慎一，2011，《近代中国的知识分子与文明》，江苏人民出版社

左玉河，2004，《从四部之学到七科之学》，上海书店出版社

Andrew Odlyzko, 1998, Reprint: The Economics of Electronic Journals, *First Monday* 2(8), 1997

Cynthia J. Brokaw and Kai-wing Chow edited, 2005, *Printing and Book Culture in Late Imperial China*, University of California Press

Denis Twitchett, 1983, *Printing and Publishing in Medieval China*, Frederic C. Beil Publisher

David Herlihy, 1997, *The Black Death and the Transformation of the West*, Harvard University Press

Elizabeth Eisentein, 2005, *The Printing Revolution in Early Modern Europe*, Cambridge University Press

Golnessa Galyani Moghaddam, Why Are Scholarly Journals Costly even with Electronic Publishing? *Interlending and Document Supply*, 2009, 37.3

Glen Dudbridge, 1999, *Lost Books of Medieval China*, The British Library

Kai-Wing Chow, 2004, *Publishing, Culture, and Power in Early Modern China,* Stanford University Press

Lucille Chia, 2002, *Printing for Profit*, Harvard University Press

Marshall McLuhan, 2011, *The Gutenberg Galaxy*, University of Toronto Press.

Robert L. Patten, 1978, *Charles Dickens and His Publishers*, Oxford University Press

图书在版编目（CIP）数据

文化生意：印刷与出版史札记／王志毅著．—杭州：
浙江大学出版社，2015.6
ISBN 978-7-308-14697-5

Ⅰ．①文… Ⅱ．①王… Ⅲ．①出版事业－文化史－研
究－世界 Ⅳ．① G239.19

中国版本图书馆CIP数据核字（2015）第100534号

文化生意：印刷与出版史札记
王志毅 著

责任编辑	王长刚
出版发行	浙江大学出版社
	（杭州天目山路148号 邮政编码310007）
	（网址：http://www.zjupress.com）
制　作	北京大观世纪文化传媒有限公司
印　刷	北京中科印刷有限公司
开　本	635mm×965mm 1/16
印　张	8.5
字　数	85千
版 印 次	2015年6月第1版　2015年6月第1次印刷
书　号	ISBN 978-7-308-14697-5
定　价	32.00元

浙江大学出版社发行部联系方式：（0571）88925591；http://zjdxcbs.tmall.com